제2판

정책학

공공정책의 이해를 위한 입문

김성준

박영사

"사랑하는 제자들에게"

"열린사회란 비판과 토론이 자유롭고
그를 통해 정책이 수정될 수 있는 사회이다."

- 칼 포퍼 -

일러두기

1. 우리말이 아닌 인명, 도서명 등은 원칙적으로 현행 외래어 표기법을 따랐다. 다만, 표기 원칙이 정해져 있지 않은 것은 학계에서 일반적으로 통용되고 있는 것을 사용하였다.

2. 인명, 도서명, 전문용어 등은 원칙적으로 처음 나올 때 한 번 우리말과 원어를 병기하고 이후에는 원어만을 사용하였다. 다만, 본문에서 문맥의 뜻을 분명히 하거나 필요하다고 생각되는 경우에는 중복 사용하기도 하였다. 각주의 인명, 도서명은 원어만을 사용하였다.

3. 영어 등 원어의 뜻을 정확하게 살려야 할 것으로 판단된 용어들은 사전적 정의를 주석으로 처리했다. 예) coercion

4. 용어의 정의나 개념에 대해 학자나 저서마다 다를 경우 가능한 한국행정학회 (www.kapa21.or.kr)의 '행정학전자사전'을 따랐다.

5. 각 장은 정책과정의 독립된 연구 주제로서 충분하기 때문에 장마다 참고문헌을 따로 정리하였다.

6. 특별히 의미가 혼동될 수 있는 경우를 제외하고는 가능한 한 '～적'이라는 표현을 자제하였다. 예) 경제적 규제 → 경제 규제, 공식적 참여자 → 공식 참여자 등)

제2판 머리말

안녕하십니까. 김성준입니다.

정책학 초판을 낸 지 5년 만에 제2판을 출간합니다. 그동안 공부한 내용과 함께 학생들로부터 받은 피드백과 학계 선생님들의 조언을 바탕으로 부족한 부분을 다듬고 채우고자 했습니다. 이해하기 어려운 내용은 문장과 단어를 가능한 쉽게 풀어 다시 정리하고, 정책학과 관련된 중요한 연구를 추가하고 시대와 어울리는 사례로 업데이트 하였습니다. 다만, 이번에도 책의 분량을 크게 늘리지 않겠다는 의도로 꼭 필요한 핵심내용만을 보완하였습니다.

제2판을 준비하면서 여러분들로부터 도움을 받았습니다.

우선, 경북대 행정학부의 얼굴 박선주 교수는 넘사벽의 영민함과 섬세함으로 원고의 수준을 한층 높여 주었습니다. 당신의 정성과 헌신에 깊이 감사합니다. 초판에서 각 장을 들어가는 영문 경구를 독자들의 편의를 위해 이번에 한글로 번역하였습니다. 문장이 훨씬 매끄럽게 다듬어진 것은 전적으로 다재다능의 표본인 홍승헌 박사의 덕분입니다. 권기석 교수는 수업 교재로 사용하면서 받은 피드백을 틈틈이 전해 주어 사실상 이 책을 함께 키워 가고 있습니다. 그대는 둘도 없는 벗이자 지적 동반자입니다.

그리고 사랑하는 제자들.

바쁜 생활 중에도 선생을 위해 언제나 기꺼이 시간을 내주는 든든한 강상민, 박현준. 그리고 눈에 넣어도 안 아플 애제자 구동환, 권민서에게 고마운 마음을 전합니다. 선생은 그대들의 한결같은 "Loyalty"에 감동받습니다.

초판에 이어 이번에도 디자인에서부터 편집에 이르는 모든 과정에서 부족한 의견을 성심껏 반영해주신 배근하 과장님을 비롯한 박영사 편집부 선생님들과 늘 제 편에서 책을 준비해 주시는 장규식 팀장님께 진심으로 감사드립니다.

"Know Thyself." 오늘도 소크라테스의 가르침을 잊지 않고 겸손한 자세로 뇌의 기능이 멈출 때까지 부단히 공부하겠습니다.

2023년 봄
'잘 되면 남의 덕, 안되면 내 탓'을 신조 삼으며
저자

머리말

　인간은 공동체와 사회를 이루면서 필요에 의해 정부라는 정치기구(제도)를 만들고, 정부의 통제와 지배를 받으며 살고 있습니다. 이제 우리는 좋고 싫음에 상관없이 정부가 없는 사회를 생각하기 어렵습니다. 정부는 권력수단의 독점으로 공공정책을 통해 사람들의 삶에 개입하여 그들의 행태를 변화시키고자 합니다. 결국, 공공정책의 목적은 인간의 삶을 더욱 풍요롭고 윤택하게 만들고 궁극적으로 더 행복한 방향으로 변화시키는 것입니다. H. Lasswell은 정책학의 존재 이유가 여기에 있다고 보았습니다.

　이 책은 정책학을 처음 공부하는 학생들을 위하여 공공정책에 대한 이해를 돕기 위한 '입문서'로 준비되었습니다. 따라서 필자는 철학적·학문적 배경, 이론 및 방법론적 접근방법에 있어서 어느 한쪽으로 치우치지 않고 균형 있게 집필하고자 하였습니다. 특히, 필자의 개인적 소신이나 성향을 드러내지 않고 학문적으로 중립적인 관점을 유지하고자 노력하였습니다. 이런저런 배려를 하다 보니 현실의 역동적이고 다채로운 정부 정책을 소개한 책임에도 불구하고 다소 건조한 느낌이 든다면 이러한 저의 노력이 한몫한 결과라는 핑계 아닌 핑계를 덧붙입니다.

　정책학 입문을 위한 책임을 염두하고 준비하면서 크게 두 가지를 고려했습니다. 첫째, 기존의 국내외 정책학 교과서들은 관련 주제를 분야별로 나누어 접근하거나, 정책과정을 기능별로 나누어 구성하는 방식으로 나눌 수 있는데, 이 책은 정책학을 정책과정(policy process)에 따라 기능별로 구별하여 살펴보는 방법을 택했습니다. 이 같은 접근방법은 공공정책이 어떻게 만들어지고, 집행되며, 평가되고 환류되는지를 체계적으로 이해시켜주는 장점이 있으며, 다수의 정책학 저서들이 이 같은 접근방법으로 구성되어 있다는 현실적인 점도 반영되었습니다. 둘째, 한 학기 정도의 대학 강의와 공부에 적합하도록 책의 분량을 조정하였습니다. 정책학 전반에 대해 '백과사전'식으로 다룬 책들은 시장에서 어렵지 않게 찾을 수 있습니다. 이 책은 강단에서의 필자의 경험을 토대로 정책학의 핵심이 되는 내용(essentials)만을 담고자 하였습니다. 특히, 어떤 주제나 개념에 대해 자세하게 설명하려는 대신 가장 보편적인 것만을 소개하고, 주석과 참고문헌을 활용하여 보다 심도 있는 지식과 공부에 도움될 수 있는 추가적인 내용을 제시하려 노력하였습니다.

정책학을 처음 배우는 독자들을 위하여 내용을 가능한 이해하기 쉽게 써야 한다는 부담감 때문에 책의 구성을 놓고 적지 않은 시간동안 고민했습니다. 목차 전체를 다섯 장으로 구성하고, 1장에서 정책학을 시작하기 위한 기본 내용과 2장에서 정책과정의 출발인 의제설정, 정책결정과 채택이 중심이 되는 정책형성을 고찰하였습니다. 정책형성과 집행 사이에 정책분석의 기본적인 내용과 대표적인 기법을 3장에서 소개하고, 4장에서는 정책의 구현 과정인 정책집행을, 그리고 정책과정의 마지막 단계인 정책평가와 정책변동을 5장에 함께 묶어서 담았습니다. 장고 끝에 악수를 둔 것이 아닌지 걱정스럽습니다.

이 책은 저자가 경북대학교 학부와 대학원에서 정책학과 정책이론 등의 강의를 위해 정리해온 10여 년의 산물입니다. 그동안 필자가 공부했던 정책학 관련의 국내외 서적, 논문, 보고서, 각종 페이퍼뿐만 아니라 수업과정에서 필자에게 깨달음을 준 제자들이 책을 준비하는 데 중요한 밑거름이 되었습니다.

책이 나오기까지 여러분의 도움을 받았습니다. 훌륭한 제자에서 이제는 평생 연구 동료인 KDI의 하선권 박사는 원고의 초안을 준비하는 과정에서 내용 하나 하나를 꼼꼼히 확인하고 보완해 주었습니다. 대학 신입생부터 박사과정까지 최상의 퍼포먼스를 보여준 박현주 박사후보와 최고의 수제자 문인정 양은 원고의 편집과정에서 놀라운 섬세함과 정성을 보여주었습니다. The pupil has become the master!

마지막으로 박영사에 특별한 감사를 전합니다. 처음 정책학을 쓰기로 약속하고 몇 해가 지났습니다. 모든 것이 필자의 게으름 탓임에도 불구하고 박영사는 한 번의 재촉 없이 기다려 주셔서 송구하고 감사할 따름입니다. 부족한 사람에게 훌륭한 출판사에서 또 다시 집필을 허락해 주신 안종만 회장님께 감사드립니다. 또한, 필자의 연구를 응원해 주시고 인내로 원고를 기다려 주신 박세기 차장님, 장규식 과장님 그리고 책다운 책을 만들어 주신 배근하 님을 비롯한 편집부 선생님들께 진심으로 감사드립니다.

언제인가 제 프로필에 '선생은 연구보다 가르치는 것이 더 중요하다고 믿고 산다.'고 메모했던 것이 기억납니다. 지금도 변함없이 늘 선생이라는 직업을 소명(calling)으로 생각합니다. 하나님께서 주신 달란트를 제대로 활용하지 못한 게으른 종이 될까 늘 두렵지만, 강단을 떠나는 그 날까지 하루하루 충성스러운 종이 되기 위해 노력할 것을 오늘도 다짐합니다.

거짓, 꼼수, 유혹이 난무하는 어지러운 세상에서 언제나 선생의 嗔心을 믿어 주는 제자들에게 이 책을 바칩니다.

2017년 겨울
利他主義者를 배출하는 경북대학교 연구실에서
저자

차 례

CHAPTER

05 정책평가와 변동

정책학 기초

"국민의, 국민에 의한, 국민을 위한 정부는 지구상에서 사라지지 않을 것이다."

- *Abraham Lincoln*

"민주주의 정책학의 궁극적인 목표는 이론과 현실에서 인간의 존엄성을 실현하는 것이다."

- *Harold Lasswell*

 프롤로그

어린 시절 무슨 뜻인지 정확히 모르면서 기계적으로 암송하고 다녔던 표현 중에 하나가 "of the people, by the people, for the people"이었습니다. 어쩌다(!) 사회과학을 전공하고 직업으로서 정책학을 공부하면서 이제야 어렴풋이 그 뜻을 알아가기 시작합니다.

1863년 겨울. 아직 지금의 미합중국으로서 모습이 되기 위한 기틀을 잡기 전 정부가 존재하는 목적을 고민하면서 바람직한 민주주의 정부를 꿈꾸던 A. Lincoln링컨 대통령 연설의 한 대목이 저로 하여금 생각을 하게 만듭니다.

우리가 살고 있는 국가nation state는 원시 공동체사회에서 자연스럽게 진화한 것이 아니라 근대 이후 시민들의 계약과 동의로 형성된 것입니다. 사회계약 관점에서 해석하면, 시민들이 자신의 생명, 재산, 자유를 지키기 위해 정부라는 통치기구가 필요했던 것입니다. 따라서 민주 국가에서는 주권이 시민에게 있고 시민의 뜻에 따라 직간접적으로 운용됩니다.

다시 말해 모든 권한이 주인principal인 시민에게 있고, 정부는 주인인 시민들이 합법적으로 위임한 일을 대신하는 대리인agent에 불과합니다. 그러므로 정부는 대리인으로서 주인인 시민의 이익과 행복을 위해 맡겨진 국가 업무를 대신해야 하는 것이 원칙입니다.

그런데 사회가 갈수록 다양하고 복잡해지면서 대리인인 정부가 오히려 주인 행세를 하고 주인인 시민을 단순히 '다스려야 할' 통치의 대상으로 보거나, 목적이 아닌 수단으로 생각하는 모습을 보면 참으로 개탄스럽습니다. 당연히 모든 정책도 오직 시민을 목적으로 한 수단에 불과합니다. 같은 맥락에서 정책학의 개척자인 H. Lasswell라스웰은 정책학의 궁극적인 목적을 인간 존엄성의 실현이라고 했습니다.

1장에서는 정부가 주체가 되는 정책인 공공정책과 그에 대한 학문인 정책학을 탐구할 것입니다. 정책학은 근본적으로 행정학, 정치학, 법학 등 다양한 사회과학의 융합학문이기 때문에 이해하기 쉽지 않은 개념, 이론과 모형, 방법론, 그리고 그 근저에 자리 잡고 있는 철학적 내용까지 다양한 것들을 만나게 될 것입니다.

하지만 정책의 궁극적인 목적, 정책학이 지향해야 하는 방향은 모두 시민을 위한 것입니다. 우리가 정책학을 공부하는 이유는 정책이 진정으로 시민을 위한 방향으로 제대로 가도록 기여하기 위해서입니다. 시민을 위해 더 좋은 정책을 만들어야 할 미래의 공무원과 정치인, 그리고 정책학 공부를 막 시작하는 모든 이들이 오래 전 링컨과 라스웰이 전하는 메시지를 기억하길 소망합니다.

제1절 정책의 개념

1. 정책의 개념

정책policy이라는 말은 일상생활에서 다양하고 광범위하게 사용된다. 기업은 사업운영에 필요한 정책을 가지고 있고, 학교는 학생지도를 위한 정책이 있고, 개인도 자신의 삶에 필요한 정책을 가진다. 이렇듯 넓은 의미에서 정책은 개인을 포함하여 기업, 정부 등의 집단이 특별한 상황에서 구체적인 문제를 해결하기 위한 목적지향적인 일련의 계획, 원칙, 행동방침course of action을 말한다. 정책학에서 다루는 정책은 정부(중앙/지방)가 시민들에게 영향을 미치는 공공정책을 의미한다.

공공정책public policy은 학자들마다 조금씩 다르게 정의된다. C. Lindblom린드블럼(1964)은 정책을 개인이나 집단 사이에 이해관계의 타협과 조정의 산물로 보았고, Y. Dror드로어(1983)는 정책을 정부가 결정하는 미래지향적 행동의 주요지침으로 정의한다. 한편, S. Brooks브룩스(1989)는 정책을 의사결정이 내려지는 생각과 가치 또는 어떤 이슈나 문제와 관련하여 정부가 추구하는 행동 혹은 무조치에 대한 광범위한 틀이라고 규정함으로써 정책을 가치와 관련짓고 있을 뿐만 아니라 무조치를 정책의 하나로 본다는 점이 흥미롭다.

미국에서 가장 대표적인 정책학 교과서 집필자인 J. Anderson앤더슨(1990)의 경우 정책을 특정 문제나 관심사를 다루는 정부의 목적지향적인 행동방침으로 정의하고 정책의 핵심을 목적지향성으로 본다. 또 한

CHAPTER 01 정책학 기초 | **5**

사람인 T. Dye다이(1972)는 정책을 "정부가 하려고 선택한 것과 하지 않기로 선택한 것"[1])이라고 정의하면서 정부가 할 일과 하지 않을 일을 의도적으로 결정하는 과정/행위의 결과라고 본다. 이를 적극적인 의미로 해석하면, 정책의 가장 근본적인 출발은 정부가 해야 할 일과 하지 말아야 할 일, 할 수 있는 일과 할 수 없는 일을 분별하는 것이라는 뜻이다. 모든 정책은 공짜가 아니기 때문이다. 정부가 해야 할 일에만 초점을 맞추면 자연스럽게 정부가 해야 할 일이 많다는 판단에 도달하기 쉽다는 점을 주의해야 한다.

한편, 국내 정책학자들로는 허범(2002)이 정책을 당위성과 실현 가능한 행동의 통합을 통해 문제를 바람직한 내용으로 변화시키려는 지침적 결정이라고 보았고, 정정길 등(2004)은 바람직한 사회를 위한 정책목표와 수단에 대해 정부가 공식적으로 결정하는 기본방침으로 정의하고 있다.

이처럼 정책은 학자들의 배경과 관점에 따라 조금씩 다르게 정의되고 있는데, 이 책에서는 공공정책을 '정부가 공공문제 해결이라는 목적을 달성하기 위해서 결정·수행하는 행동방침'으로 정의하고자 한다. 정책은 목표 진술a statement of goals로 이해되며 대부분 법률의 형태로 구현된다. 따라서 행정현장에서 정책집행은 사업, 과제, 계획, 지침 등의 보다 세부적인 형태로 시행된다(Schuck, 2014).

---

1) "What government chooses to do or not to do."

2. 정책의 특성

정책에 대한 학자들의 정의와 개념을 바탕으로 공공정책의 주요 특성을 알아보자.[2] 우선 정책의 설계로부터 집행, 평가에 이르는 과정의 핵심 주체는 정부라는 점이다. 물론 이때 정부는 행정부뿐만 아니라 입법부와 사법부를 포함한 넓은 의미의 정부를 말한다. 주목할 점은 정책은 '원칙적으로' 권위를 가진 정부가 입안하고 집행한다는 것이다.[3]

권위authority란 시민이 정부에게 위임한 합법적인 힘power, 다시 말해 강제력/통제력과 영향력을 의미한다. 정부는 정책을 통해 그들이 정한 일정한 목적에 따라 시민들의 자유로운 의사와 행위를 제한할 수 있는 권력을 가지고, 통치권을 행사할 수 있는 권위를 합법적으로 위임받은 존재이다. 따라서 명분상 민주주의 국가의 정부가 국민의 의사를 반영해 정책을 결정하고 추진한다고 하더라도, 현실적으로는 정책과정에 참여하는 일부의 의사에 따라 정책이 결정될 수 있다는 한계와 우려가 있는 것이 사실이다. 이렇듯 공공정책은 개인, 기업, 시민단체 등의 민간부문이 아니라 국가 통치기구인 정부에 의해서만 공식화되며 법으로 실현된다.

둘째, 정책은 문제해결이라는 목적을 달성하기 위한 목표지향적인 goal-oriented 행동을 수반한다. 정부는 문제를 해결하기 위하여 구체적인

---

2) 허범(2002)은 정책의 특성을 목적지향성, 행동지향성, 변화지향성, 미래지향성, 정치연관성, 공익지향성, 가치의 강제배분성으로 설명한다.
3) 굳이 '원칙적으로'를 강조한 이유는 참여민주주의와 거버넌스를 강조하는 현대 행정에서는 더 이상 정부만이 정책의 주체라고 말하기 어렵기 때문이다. 다만, 여전히 합법적 권위를 인정받은 주체는 오직 정부뿐임을 강조한다.

의도를 갖고 정책을 기획하고 추진한다. 여기서 말하는 '문제'는 단순히 개인 단위의 문제가 아니라 시민 다수의 문제인 사회문제라는 점에 주목해야 한다. 그러므로 정책적 개입은 개인 차원을 넘어 사회문제로 진행된 것에 국한되어야 한다. 정부가 순수하게 사적인 영역에 해당하는 문제에 개입하는 것은 근본적으로 시민 각자의 자유로운 삶에 대한 그야말로 지나친 간섭이기 때문이다.

한편, 어떤 문제가 개인적인지 사회적인지에 대해서는 시대적, 공간적, 환경적 맥락context에 따라 달라진다. 예를 들어, 미국의 경우 1964년 공중위생국의 보고서Surgeon General's Reports가 발표되기 전까지 흡연은 어디서나 볼 수 있는 매우 보편적인 현상이었다. 우리나라도 7-80년대까지만 하더라도 담배는 술, 커피 등과 함께 '기호품'으로 간주되어 누구나 자신의 선호에 따라 취미로 즐길 수 있는 개인적인 문제로 치부되었다. 하지만 담배의 유해성과 흡연의 폐해가 알려지고 흡연인구가 크게 늘어나면서 그로 인한 사회적 비용의 상승과 사회후생social welfare 저하를 초래하게 된다. 이로써 흡연은 더 이상 개인문제가 아닌 사회문제로 간주되어 정부의 개입을 필요로 하게 되었다.[4)]

이와 함께 기존의 일자리를 잃거나 또는 아예 일할 수 있는 기회를 얻지 못하는 실업 역시 과거에는 개인문제로 여겼었다. 시장상황 또는

---

4) 개인의 담배소비에 대한 정부의 금연정책(규제)에 대해서는 여전히 찬반 논란이 적지 않다. 금연정책의 핵심 논리는 흡연자 개인의 소비 자체라기보다는 그로 인한 간접흡연의 폐해가 소위 시장실패의 부정적 외부효과에 해당하기 때문이라는 것인데, 이 효과가 과장되었다는 반론이 꾸준히 제기되고 있다. 나아가 실제로 사회적 비용이라는 측면에서도 흡연보다는 음주가 훨씬 더 심각함에도 불구하고 이에 대한 규제는 상대적으로 허술하다는 전문가들의 의견 또한 논쟁의 주제가 되고 있다.

산업구조의 변화로 일자리가 사라질 수도 있고, 노동시장에서의 경쟁할 만한 능력이 낮거나 자신의 선택으로(자발적으로) 실업은 발생할 수 있다는 것이다. 하지만 실업은 지금 많은 국가에서 정부가 최우선으로 해결해야 할 거시경제정책의 핵심 과제가 되었다. 이와 같이 정책은 환경 변화와 함께 나타나는 여러 가지 사회문제와 쟁점에 대한 정책적 요구의 대응으로 나타난다.

셋째, 정책은 정부가 어떤 일을 이루고자 하는 의지뿐만 아니라 실제로 실행하고 성과를 내는 것 또한 중요하다. 실제로 정책은 정부의 목적이나 의도 자체보다는 이를 구체적으로 집행해서 좋은 결과를 낼 때 비로소 의미가 있다고 할 수 있다. 즉, 정책의 핵심은 무엇을 의도하고 제안하는가에 있기보다는 실제로 무엇이 집행되고 최종적으로 어떤 결과를 낳았느냐에 있다.

Max Weber베버가 '소명으로서의 정치Politics as a Vocation'에서 선한 뜻(의지)이 항상 선한 결과를 가져오는 것은 아니며, 정치에서 중요한 것은 의지가 아니라 결과를 만들어 내는 것이라고 주장한 것도 같은 맥락에서 해석할 수 있다. 많은 정책이 적어도 겉으로는 '아름다운 약속'으로 만들어지기 때문에 결과와 관계없이 의도만으로 좋고 나쁨을 평가하는 것은 무의미하다.

"지옥으로 가는 길은 좋은 의도로 포장되어 있다"5)

---

5) 영어로는 "The road to hell is paved with good intentions" 혹은 "Hell is full of good meanings, but heaven is full of good works"와 같이 표현되는 경구이다.

이 경구는 정책의 의도와 결과를 바라보는 우리의 눈이 얼마나 냉정해야 하는지를 생각하게 한다. 결국, 현실적으로 좋은 정책으로 인정받으려면 합당한 결과를 내야 한다. 좋은 정책과 나쁜 정책을 판단하는 잣대는 정책의 의도가 아니라 정책이 가져온 결과로 삼아야 한다. 나아가 정책을 결과/효과로 평가해야 하는 또 하나의 이유는 정부의 책임성을 확보할 수 있기 때문이다. 시민들은 정치인과 관료에게 오직 결과에 대한 책임을 물을 수 있다.

넷째, 정책은 독립적/개별적으로 분리되어 있지 않고 대부분 서로 연관되어 연쇄적으로 결정되고 집행된다는 특징이 있다. 또한 정책이 영향을 미치는 데에는 상당한 시간이 소요되며, 영향을 미치는 대상 역시 정책이 목표로 하는 대상뿐만 아니라 광범위하게 사회구성원 전체인 경우가 흔하다.

일반적으로 민간부문에 참여하는 개인이나 기업의 의사결정은 당사자나 해당 조직의 비교적 제한된 범위에서 영향을 미친다. 예를 들어, 시장에서 소비자와 생산자의 선택과 교환의 결과는 대부분 당사자들에게 국한되는 것이 보통이다. 반면, 정부정책은 비록 특정집단만 목표대상으로 삼고 추진하더라도 그 영향이 미치는 범위는 민간부문과 비교할 수 없을 만큼 넓다. 그래서 정책이 원래 의도하지 않은 결과가 발생할 가능성이 매우 높다.[6]

---

6) 의도하지 않은 결과에 대해서는 5장에서 좀 더 자세히 다룬다.

3. 정책의 구성요소

정책의 주체인 정부, 정책대상, 정책 목표, 정책수단을 정책의 구성요소라 한다. 먼저 정책과정policy process에 서 가장 중심이 되는 참여자로서 정부는 정책을 입안하고 결정하는 주 체와 이를 집행하는 주체로 나누어 볼 수 있다. 전통적으로 전자는 국가 기관으로서 국회를 비롯하여 지방자치단체의 지방의회 등의 입법을 책 임지고 있는 정치적 기관을, 후자는 행정을 맡고 있는 중앙정부, 지방정 부 등 행정기관을 가리킨다.

다음으로 정책대상policy target이란 정책의 목표가 되는 실제적 대상으 로 정책의 직접적 영향을 받는 개인이나 집단을 말한다. 모든 정책은 설 계되는 과정에서 해당 정책의 수혜자beneficiary를 선정한다. 물론 개별 정 책으로부터 발생하는 혜택이 직접적인 목표대상뿐만 아니라 그 외에게 도 간접적으로 일부 전달된다 하더라도 정책결정자는 목표로 하는 직접 대상을 정하고 정책을 마련한다.

다만, 이 과정에서 분명히 고려해야 할 것은 정책으로부터의 수혜자 뿐만 아니라 혜택을 받지 못하는 집단이 가질 수 있는 상대적 박탈감 relative deprivation이다. 정책의 수혜로부터 제외된 집단은 비록 자신이 실 제로 잃은 것도 손해를 본 것도 없지만 정책수혜자와 비교하여 권리나 재산 등 당연히 자신도 누려야 할 어떤 것을 빼앗긴 듯한 느낌을 갖기 쉽다. 예를 들어, 정부가 개별 산업이나 업종을 선정해서 지원하는 정책 을 추진하는 경우, 선정에서 탈락된 산업/업종의 종사자들은 자연히 상 대적 박탈감을 느끼게 된다.

따라서 이를 사전에 신중히 고려하지 못한 채로 정책을 추진하게 되면 수혜자에서 제외된 집단으로부터 만만치 않은 저항과 정치적 부담을 갖게 되어 정책추진에 어려움을 겪게 된다. 이 같은 정책대상 선정과정에서 발생할 수 있는 갈등상태를 최소화하는 것이 정책담당자의 운영기술이다.

정책의 세 번째 구성요소는 정책목표policy goal이다. 정책목표란 정책의 목적을 이루기 위해 지향하는 실질적 대상 또는 정책을 통해 최종적으로 도달하고자 하는 미래의 바람직한 상태라고 할 수 있다. 그런데 여기서 까다로운 개념은 과연 정책이 지향하는 '바람직한 상태'란 무엇인가 하는 점이다. 무엇이 바람직하거나 그렇지 못하다는 것은 필연적으로 가치판단이 내재되어 있기 때문에 넓게는 주권자인 시민, 좁게는 정책을 결정하고 추진하는 주체들의 주관성subjectivity을 벗어나기 어렵다. 따라서 정책목표는 선정하는 최종결정자가 누구이고 어떤 기준에 의해서 선정되는가에 따라 결정적인 영향을 받는다.

예를 들어, 개인의 자유를 최우선시하는 자유주의적 성향이 강한 정부와 집단주의 혹은 전체주의적 성향이 강한 정부는 그들이 바라보는 '바람직한 상태'가 매우 다르다. 그들은 서로 다른 사상과 철학, 정치적 관점을 갖고 있기 때문에 정책목표의 방향이 다를 수밖에 없다.

뿐만 아니라 정책목표는 정책수단을 선택하는 기준이 되고 집행과정에서 의사결정의 구체적인 행동방침, 가이드라인 역할을 할 뿐만 아니라 정책평가의 기준으로 활용된다(김정수, 2016). 정책목표의 달성 여부가 정책의 성과이며, 정책의 성공과 실패의 핵심이라는 점에서 어떤 정책목표를 설정하는가는 정책형성과정에서 중요한 의미를 갖는다.

　마지막으로 정책목표를 달성하기 위하여 활용하는 방법이나 도구를 정책수단policy tool이라 한다. 정책수단은 정책목표를 달성하기 위한 전략을 제공하는 정책수립의 중요한 부분이다. 물론 가장 원천적인 시각에서 정책목표를 달성하기 위한 수단이라고 하면 시장메커니즘에 의존할 것인가, 아니면 정부가 직접 개입하거나 혹은 비정부기관NGO을 비롯한 제3섹터를 동원할 것인가를 선택하는 것이다. 정책목표를 국가 및 지방자치단체, 공기업과 같은 공공기관을 통해서 추진할 것인지 혹은 민간부문에 대한 지원과 보조 등의 수단을 사용할 것인지도 정책수단을 결정하는 데 중요한 내용이다. 하지만 정책수단에 대한 논의는 정부를 전제로 하기 때문에 시장과 제3섹터를 제외한다.

　정책학에서는 정책목표를 달성하기 위한 직접적인 수단을 실질적 substantive 정책수단이라고 하며, 이를 실현시키기 위한 각종 유인, 설득, 또는 강압적 수단을 도구적/보조적instrumental 정책수단으로 구분한다. 예를 들어, 쓰레기 분리배출을 제대로 하지 않으면 정부가 일정한 벌금을 부과하는 것과 같이 정부가 명령지시적인 규제를 통해 시민들의 삶에 직접 개입할 수 있다. 반면, 캠페인, 홍보 등 사회마케팅을 통해 간접적인 유인기제를 사용하기도 한다. 정부가 각종 미디어를 통해 재활용 가능 자원의 분리수거의 중요성에 대해 캠페인을 벌이는 것이 대표적인 예이다.

　한편, 정책수립 과정에서 정부규제나 보조금과 같이 정책결과에 직접적으로 영향을 미치는 데 사용되는 실질적 수단과 정책과정과 결과에 간접적이지만 유의하게 영향을 미치는 절차적 수단procedural policy tool으로 분류하기도 한다(Howlett, 2004).

4. 정책 유형

사회과학에서는 어떤 사회적 문제나 현상을 본질 및 속성의 동질성, 특징, 기능의 유사성 등 서로 공통되는 모습에 따라 몇 개의 전형적인 틀로 분류하는 '유형화'를 통해 해결방안을 모색한다. 정책학계에서도 정책 및 정책과정을 보다 정확하게 이해하고 적정한 정책제언을 하기 위해 정책을 범주화하고 분류한다. 특히, 다양한 정치적 이해관계의 구조와 이해관계자들이 정책과정에 어떤 영향을 미치는가를 밝히기 위한 기초작업으로서 정책분류는 중요한 의미를 갖는다. 정책을 유형별로 나누는 방식typology은 여러 가지가 있지만, 정책의 기능과 성격에 따라 분류하는 것이 대표적인 방법이다.

우선, 전통적인 분류방법은 특정 분야에서 정책의 역할이나 작용에 따른 기능별 분류이다. 정부 부처나 국회 상임위원회 등의 정부구조가 정책의 기능에 따라 조직화된 것을 보면 쉽게 이해할 수 있다. 예를 들어, 우리나라 중앙행정기관이 기능에 따라 국가의 외교에 관한 업무와 정책을 관장하는 외교부, 국민 보건과 사회복지 증진에 관한 일을 관장하는 보건복지부, 문화와 관광 분야를 책임지는 문화체육관광부 등으로 나누어진 것은 기능별로 구분한 것이다.

한편, 정책결정론에 근거를 두고 정책의 성격에 따른 분류로는

T. Lowi로위가 정책의 효과와 영향을 기준으로 한 구분이 대표적이다 (Lowi, 1964). 고전적인 정치이론에서는 정치가 정책을 결정하는 것이라고 보았다면 로위는 "정책이 정치를 결정한다."[7]고 가정한다. 그리고 정책의 유형이 달라지면 정책과정도 달라진다고 주장한다. 정책의 내용이나 유형별 특성에 따라 정치주체의 전략과 행태가 달라진다는 것이다 (Lowi, 1972).

그는 정부의 정치적 특성 가운데 강제coercion[8]에 주목하여 강제의 적용대상이나 범위와 강도를 기준으로 정책을 분배정책, 재분배정책, 규제정책, 구성정책 네 가지로 분류한다. 그에 따르면, 규제정책과 재분배 정책은 강제력이 강하고 직접적이며 분배정책과 구성정책은 강제력이 상대적으로 약하고 간접적이다. 한편 규제정책과 분배정책은 적용대상이 개별적인 반면, 재분배정책과 구성정책은 사회일반에 적용된다.

첫째, 분배정책distributive policy은 정부가 개인, 기업, 지역사회 등 서로 다른 집단에게 특정한 서비스, 편익, 기회, 권리 등을 제공하는 정책으로 강제가 개별적으로 적용되고 강도가 간접적이다. 통상 정책대상에게 강제력 행사가 거의 없고 정책내용이 세부적인 단위로 구분되는 특징이 있다. 고속도로, 항만, 비행장 등 사회간접자본social overhead capital, SOC을 구축한다거나, 공립학교를 통해 교육서비스를 제공하는 등 시민들에게 특정 권리나 이익, 또는 공공재적 성격의 재화나 서비스를 배분

---

7) "Policies determine politics" (Lowi, 1972).
8) 우리말로는 강제, 강압, 강요 등으로 번역되며 용어의 사전적 정의는 다음과 같다. "Coercion is the act or process of persuading someone forcefully to do something that they do not want to do" (Collins Co-build Advanced Learner's English Dictionary, 2014)

하는 내용의 정책이 여기에 해당한다.

정치경제학적 관점에서 분배정책은 정책의 수혜자와 비용 부담자가 직접적인 갈등에 직면하는 경우가 드물기 때문에 정치권에서는 자신의 이해관계에 따라 일부 소수집단과 지역을 챙기는 수단으로 활용하는 경향이 강하다.

둘째, 재분배정책redistributive policy은 정책대상의 계층 간의 차이를 고려하여 조세수익의 재원을 통해 소득이나 부, 재산, 권리 등을 상이한 집단 간에 이전transfer시키는 정책이다. 재분배정책은 직접적인 강제력을 가지며 행위를 둘러싼 환경에 적용된다. 특정 개인이나 집단을 대상으로 하지 않고 사회구조, 계층 등 사회일반에 적용하며, 정책효과 역시 사회환경의 변화에 두고 있다. 예를 들어, 누진세나 부의 소득세Negative Income Tax를 도입하고, 저소득층을 위한 임대주택 건설, 영세민 보호정책 등과 같이 부/소득을 가진 집단으로부터 그렇지 못한 집단으로 이전시키는 사회보장제도와 복지정책들이 여기에 해당한다.

셋째, 규제정책regulatory policy은 사회 전체의 이익(공익)을 실현하기 위해 정부가 개인/집단의 권리나 행동을 제한하는 방책이다. 규제학자들은 규제의 대상 영역을 기준으로 크게 경제규제, 사회규제로 구분한다.9) 경제규제는 가격, 생산량, 품질 등 기업 고유의 경제활동을 통제/제한하는 것으로 인허가와 관련된 각종 진입규제와 서비스요금, 품질기준에 관

---

9) 사회과학에서 개념이나 사회현상 등을 분류하는 이유는 주로 이해를 돕고 정확하게 설명하기 위해서이다. 현실적으로 어떤 규제를 경제규제 혹은 사회규제라고 명확히 나누기는 어렵다. 규제정책을 경제규제와 사회규제로 나눈 것도 이러한 의미로 이해되는 것이 바람직하다. 또한 학자에 따라서는 경제규제, 사회규제 외에 순수하게 관료제적 형식주의와 불필요한 행정절차(red tape)에 해당하는 규제를 행정규제로 분류하기도 한다.

련된 규제가 여기에 속한다. 사회규제는 국민의 삶의 질과 관련하여 개인과 기업의 사회적 행동을 규제하는 것으로, 환경, 근로자 보건 및 안전, 소비자 보호 등에 관한 규제가 이에 속한다. 사회규제는 하나 이상의 시장실패를 시정하기 위해 개인, 기업의 활동을 규정하는 광범위한 범주의 규칙을 말한다.

로위에 따르면, 규제정책은 강제가 직접적이고 개별적으로 적용되는 특징이 있다. 담당규제기관, 규제대상, 규제내용이 비교적 명확하게 구별되어 지정되며, 정책효과 역시 직접적으로 나타난다. 나아가 규제정책으로부터 혜택을 보는 집단과 피해를 보는 집단 간의 갈등이 심각하게 나타나는 경향이 있다. 규제정책은 구체적으로 일부 집단의 자유와 재산권 행사를 제한함으로써 다른 집단을 보호 또는 지원하는 정책으로, 피규제자에 대한 강제 행사와 불응에 대한 처벌을 동반하기 때문에 법률적 근거를 요구한다. 그는 규제를 크게 사회적 약자를 보호하는 보호적 규제와, 경쟁을 촉진하기 위한 경쟁적 규제로 분류하고 있다.

마지막으로 강제가 간접적이고 사회 일반(환경)에 적용되는 구성정책 constituent policy은 선거구를 획정하고 정부기관을 신설하거나 조직을 변경하는 등, 정치행정체제의 구조와 운영방식에 대한 방침을 정하는 유형이다. 예를 들어, 코로나19의 전 세계적인 대유행과 함께 국내 대규모 감염이 발생하면서 정부의 방역역량 강화의 필요성이 커지면서 기존의 질병관리본부를 2020년 질병관리청으로 승격시킨다든지, 인구구조의 변화에 따라 선거구나 지자체 관할구역을 조정하거나, 공무원 보수 및 연금구조를 개혁하는 것 등이 해당한다.

로위의 분류방식과 정책유형은 지나친 단순화와 분류기준의 모호성에 대한 비판과 함께 이후 몇 가지 수정모형이 제시되었다. 대표적으로 Almond & Powell아몬드와 파월은 체제이론을 바탕으로 정책을 추출정책, 규제정책, 분배정책, 상징정책으로 구분하였다. Ripley리플리와 Franklin 프랭클린은 정책을 크게 국내정책과 외교·국방정책으로 나누고 국내정책을 다시 분배정책, 재분배정책, 경쟁적 규제정책, 보호적 규제정책으로 분류하였다.

표 1 • Lowi의 정책유형

정책유형	내용
분배정책	• 상이한 사회집단에 서비스, 편익, 기회, 권리를 제공하는 정책 • 연구개발비 지원, 수출산업 재정지원 등
재분배정책	• 계층 간 차이를 고려하여 조세를 통해 소득/부, 재산, 권리 등을 상이한 집단에 이전시키는 정책 • 누진세, 부의 소득세, 임대주택 건설 등
규제정책	• 공익을 위해 정부가 개인이나 집단의 권리, 행동을 제한하는 정책 • 인허가 규제, 품질기준 규제, 소비자보호 규제 등
구성정책	• 정치행정체제의 구조와 운영방식에 대한 방침을 정하는 정책 • 선거구의 조정, 조직 신설 등

1. 정부개입의 의의

정부정책은 왜 필요한가? 정책의 당위성에 대한 질문은 거시적인 관점에서 정부개입의 불가피성과 정당성에 대한 근본적인 질문으로 시작할 수 있다. 넓은 의미에서 정부개입/간섭 government intervention은 경제적, 사회적 문제에 대한 개인, 집단, 조직의 의사결정과 행동에 영향을 주기 위해 정부가 취하는 통제 조치이다 (Rabin, 2003).

사람들이 함께 사는 세상은 언제, 어디서나 개인, 집단, 공동체 어떤 단위에서든 다양한 '문제'가 발생하기 마련이다. 넓은 의미에서 사회문제 social problem란 인간과 그를 둘러싼 제반 환경과 관련된 모든 것으로 시대와 지역에 따라 다양한 모습으로 발생하는 포괄적인 개념이다. 주택, 실업, 인구, 도시문제 등 사회를 구성하고 살아가면서 마주하는 모든 분야에서 사회문제가 나타날 수 있다.

주의해야 할 것은 사회문제는 주로 사회구조의 문제, 제도와 시스템의 결함이나 모순으로부터 발생한다는 점에서 개인문제와 구별되며, 정부가 관심을 갖는 사회문제에서 개인의 성격, 성향, 능력 등으로 발생하는 개인문제는 제외된다는 것이다. 원칙적으로 사사로운 문제는 스스로가 해결해야 하기 때문이다. 정부개입은 결국 사회문제를 개선하고 해결하려는 한 가지 대안으로, 전략적 수단으로 정책을 통해 개입하는 셈이다.

자유민주주의와 자본주의를 채택하고 있는 국가에서 정부는 시민 삶의 여러 영역에 개입하지만, 무엇보다도 시장을 통해 재화나 서비스가 거래되는 경제부문에 대한 개입이 핵심이다. 정부는 시장이 본연의 기능을 적정하게 작동할 수 있도록 시장구조를 경쟁 상태로 유지하고자 한다. 또한 환경오염 등 부정적인 외부효과를 최소화하기 위해 시민과 기업의 경제활동을 규제하기도 한다. 나아가 도로, 전기, 가스 등 산업발전의 기반이 되는 사회간접자본을 구축하고 필요한 공공재를 제공하기도 한다. 거시경제정책의 일환으로 경기 과열이나 침체를 적절하게 관리하고 경제안정화를 추구하며, 부와 소득의 공정한 분배 등을 이루기 위한 역할을 수행한다.

한마디로 정부는 시장경제시스템이 제대로 작동하지 않아 자원을 효율적으로 배분하지 못하는 '시장실패'를 보완하기 위하여 시장에 적극적으로 개입한다.

2. 시장실패

정책적 개입의 필요성과 정당성에 대한 이론적 근거는 여러 각도에서 볼 수 있지만 가장 보편적으로 수용되고 있는 것은 시장실패의 논리이다. 이는 시민들에게 가장 중요한 관심사가 경제문제이기 때문이다.

'인간이 사회적/정치적 동물'이라는 말은 결국 사람은 집단을 이루어 살고자 한다는 뜻이며, 정치경제학적으로 해석하면 사람들이 서로 교환을 목적으로 해서 자발적으로 시장에 참여해 경제활동을 한다는 것이다. 반면, 전통적인 주류경제학의 관점에서는 경제문제를 무엇보다도 희소한 자원의 효율적 배분에 관한 문제로 보는 점과 관계가 깊다.

시장실패Market Failure는 후생경제학적 관점에서 제한된 자원을 효율적으로 배분하지 못하는 것으로 정의된다.[10] 따라서 이 경우 정부는 시장에 개입하여 시장실패 문제를 개선할 필요가 있다고 보는 것이다. 결국 시장실패의 논리는 정부의 개입을 합리화/정당화하기 위한 규범적 근거를 제시한다.

시장실패가 발생하는 원인은 크게 재화나 서비스의 공공재적 속성, 외부효과의 존재, 불완전경쟁 시장구조, 그리고 비대칭 정보의 문제로 나눌 수 있다.[11]

공공재Public Goods란 다음 두 가지 속성이 있는 재화와 서비스를 말한다. 첫째, 대가를 지불하지 않고도 재화/서비스의 사용이나 수혜로부터 특정 대상을 배제시킬 수 없는 비배제적non-excludable 속성이다. 예를 들어 외국인을 포함하여 누군가 세금을 납부하지 않는다 하더라도 그를 소방이나 경찰 서비스에서 배제할 수 없다는 것이다. 이와 달리 사재private goods는 대가를 지불하지 않으면 재화를 사용할 수 없다. 예를 들어, 입장료를 지불하지 않은 사람은 CGV에서 영화를 감상할 수 없고 에버랜드를 이용할 수 없다. 둘째, 누군가 소비해도 다른 사람 역시 사용할 수 있는 비경합적non-rivalry 속성이다. 보통 사재는 경합적이라 누

---

10) 경제학적으로는 시장이 파레토 최적(Pareto Optimum)을 실현하지 못하는 경우이다.
11) 시장실패에 대한 보다 자세한 내용은 김성준의 공공선택론(박영사, 2020)을 참고하기 바란다.

군가 소비하면 다른 사람의 소비에 제한을 받는다. 예를 들어, 삼성라이온즈파크가 매진이 되어 만원 관중을 이루면 당신은 입장하지 못하고 경기를 즐길 수 없게 된다. 소비자들이 서로 경합하는 것이다.

대표적인 공공재를 찾아보면 우리가 매일 마주치는 신호등에서부터 크게는 국방이나 치안과 같은 국가 수준의 서비스가 대표적이다. 공공재는 여러 사람이 동시에 사용할 수 있기 때문에 비경합적이며joint consumption, 누구나 대가를 지불하지 않고도 혜택을 받을 수 있기 때문에 비배제적이다.

이 같은 공공재의 특성(특히, 비배제성)으로 인해 사용자들은 소비로부터 얻는 자신의 효용을 축소하고 대가를 지불하지 않으려는 경향을 보이는데, 이를 무임승차free riding라 한다. 무임승차는 아무런 노력 없이 거저 얻는 것을 좋아하는 사람들의 '공짜심리'에 뿌리를 두고 있다. 공공재는 이러한 공짜심리와 무임승차 문제로 인해 지역이나 사회전체에서 요구하는 수준만큼 충분히 공급되지 않는 과제를 낳는다. 다만, 대부분의 재화와 서비스가 경합성/비경합성과 배제성/비배제성을 일정부분 가지고 있기 때문에 시장에서 순수 공공재와 순수 사재를 발견하기는 어렵다.

둘째, 외부효과 또는 외부성Externality이란 다른 경제주체의 생산, 소비, 거래 등에 영향을 미치면서도 이에 대한 적절한 보상이나 대가를 지불하지 않는 경우를 말한다. 외부효과는 시장의 가격메커니즘을 통해 반영되지 않기 때문에 비가격효과 또는 파급효과spillover effect라고도 한다.

외부효과는 그 내용에 따라 예방접종, 교육과 같이 다른 경제주체의 효용에 바람직한 영향을 미치는 긍정적 외부효과와 공공장소에서의 흡연, 음주행위와 같이 나쁜 영향을 주는 부정적 외부효과로 나눌 수 있다. 경제학에서는 전자를 외부 경제external economy, 후자를 외부 불경제external diseconomy라고 부른다. 외부효과가 존재하면 사회적 비용과 사회적 편익이 시장에 적절하게 반영되지 못하기 때문에 자원이 효율적으로 배분되지 못하는 결과를 초래한다.

셋째, 불완전경쟁 구조의 시장이 시장실패의 원인이 된다. 이론적으로 시장은 완전경쟁인 상태에서 가장 효율적으로 작동한다. 완전경쟁perfect competition시장이란 동질의 상품시장에 다수의 수요자와 공급자가 거래하고, 모두 상품의 가격과 품질 등에 대해 완전한 정보를 가지고 있으며, 시장에서 기업이 자유롭게 진입/퇴출할 수 있는 시장을 말한다. 하지만 현실 세계에서 완전경쟁시장의 조건을 모두 만족시키는 시장은 거의 없다. 대부분 독과점, 독점적경쟁 시장 등 불완전경쟁시장 구조를 가지고 있으며, 주어진 기술조건에서 완전경쟁시장에 비해 상품의 가격이 높고 산출물은 적은 것이 보통이다.

시장이 불완전경쟁 구조를 갖게 되는 원인은 크게 기업의 생산물과 관련된 비용함수cost function와 시장의 진입장벽을 들 수 있다. 이때 비용함수는 기업이 생산량을 늘리면서 평균비용이 감소하는 규모의 경제Economies of Scale와 관련 있다. 예를 들어, 생산량이 늘어남에 따라 평균비용이 지속적으로 하락하여 시장 전체의 규모만큼 규모의 경제가 발생하면 하나의 기업이 시장의 총 생산량을 충족시키는 자연독점Natural Monopoly이 된다. 독점과 같은 불완전경쟁 시장은 사회전체에 비효율 또는 순손실(자중손실)을 발생시키고 소비자 잉여의 일부가 생산자에게로

이전되는 부의 이전을 초래한다.[12]

마지막으로 정보의 문제, 그 중에서도 비대칭정보의 문제가 시장실패의 원인이 된다. 시장이 가장 효율적으로 자원을 배분하기 위한 전제조건 가운데 하나는 거래당사자들이 완전한 정보를 갖고 있다는 것이다. 그러나 수요자와 공급자 모두 시장에서 거래되는 재화와 서비스에 대한 완전한 정보를 갖기란 현실적으로 매우 어렵다. 정보는 대부분 불충분하거나 불완전하고 비대칭적이기 때문에 정보문제는 불확실성 시대에 살고 있는 모두에게 피하기 어려운 제약조건이다.

비대칭 정보Asymmetric Information란 시장에서 거래주체들 사이에 정보보유가 불균등인 상태를 말한다. 예를 들어, 중고자동차 시장을 생각해보자. 중고차 거래는 자신의 차를 딜러에게 판매하는 원차 소유주와 딜러 간 정보의 차이가 있고, 차를 매입한 자동차 딜러와 해당 자동차의 구입을 원하는 소비자 간 정보의 차이 등의 비대칭 정보 문제가 얽혀있는 대표적인 예이다. 정보의 비대칭성 문제는 상품에 대한 가격책정을 방해하고 이로 인해 시장메커니즘을 적절히 작동시키지 못하게 하여 시장실패를 초래한다.

---

12) 자중손실(Dead Weight Loss)이란 불완전경쟁 시장에서 발생하는 사회적 순손실을 뜻하며, A. Marshall이 주창한 소비자 잉여(consumer surplus)란 상품에 대해 소비자가 지불하고자 하는 최고의 가격(수요가격)과 실제로 지불하는 가격(시장가격)의 차액만큼을 뜻한다.

표 2 • 시장실패의 유형과 결과

유형	결과
공공재	◆ 공공재의 비경합적, 비배재적 속성과 무임승차 성향으로 공공재가 사회적정수준만큼 공급되지 못함
외부효과	◆ 외부효과로 사회적비용과 편익이 시장에 적절히 반영되지 못하게 되어 자원의 효율적 배분이 실패함
불완전 경쟁시장	◆ 사회적 순손실이 발생하고 소비자 잉여의 일부가 생산자 에게로 이전되는 부의 이전을 야기함
비대칭 정보	◆ 판매자와 구매자 간의 비대칭 정보로 인해 시장메커니즘 이 적절히 작동하지 못함.

3. 정부개입의 한계

정부가 시장과 시민의 삶에 개입하고 자 할 때 반드시 숙고해야 할 몇 가지 점들이 있다. 일반적으로 사회문 제를 해결하는 메커니즘은 크게 두 가지 정도로 볼 수 있다. 하나는 문 제를 발생시킨 구성원들 스스로 협상과 합의를 통해 해결하는 것이고, 다른 하나는 제3자로서 중재자arbitrator의 개입을 통해 해결하는 것이다

우선, 개인/집단 사이에 이해관계가 대립하고 갈등이 발생했을 때 조 정하는 방식으로 당사자들이 직접 자율적으로 해결하는 방법이 있다. 아 파트 층간 소음문제가 발생한다면 소음을 유발하는 가구와 피해를 입는 가구가 서로 대화와 타협을 통해 서로 일정부분 양보하면서 해결책을

찾는 것이다. 또 다른 하나는 두 가구의 소음문제를 제3자인 구청이나 경찰 공무원이 개입해서 조정하는 것이다. 두 방식 가운데 어떤 것을 선택해야 할 것인가는 한 사회의 사회적 관용social tolerance 및 시민의식civic awareness 수준과 유관하다.

범위를 좁혀 시장실패의 경우에도 정책적 개입의 한계를 분명하게 인지해야 한다. 무엇보다도 시장실패를 치유하기 위한 정부의 개입이 기대하는 것처럼 반드시 좋은 결과를 가져오는 것이 아니라는 사실을 알아야 한다. 바람직한 결과는 차치하고 정부의 어설픈 개입이 시장의 문제를 악화시킬 수도 있다.

과거 문재인 정부가 부동산 가격을 잡겠다고 20차례가 넘는 규제정책을 시행했음에도 불구하고 반대로 부동산 가격이 역대급으로 상승한 것이 대표적인 사례이다. 시장에 대한 정부의 무분별한 개입은 정부 자신과 정책이 갖는 본연의 한계와 시장의 힘에 대한 무시/무지에 따른 정부실패Government Failure로 가는 길이다(김성준, 2020).

따라서 경우에 따라서는 정부가 정책대안을 모색할 때 제일 먼저 고려할 수 있는 방안은 아무것도 하지 않는 무간섭/무개입hands-off/do-nothing policy 또는 '가능한 한 적게 하는'[13] 정책일 수 있다. 특히, 정책이 시장에서 경제주체의 자발성spontaneity을 침해하는 경우 정책적 개입을 더욱 신중하게 판단해야 한다. 시장에서는 소비자든 생산자든 (정치인, 관료를 포함하여) 누구나 자신의 효용/만족을 극대화하려 노력한다. 기업은 누구보다도 어떤 상품을, 어떤 가격에, 얼마나 생산해야 이

---

13) 'do as little as possible'

윤을 극대화시킬 수 있는지 합리적으로 모색한다.[14] 그리고 설령 그들의 의사결정이 '최선'이 아닐지라도 책임은 일차적으로 온전히 자신이 진다. 특히, 정부의 과도한 시장개입은 민간부문의 창의성과 자발적인 혁신 노력 등 잠재적 역량 발휘를 저해하여 경제발전에 걸림돌이 되기 쉽다.

제3절 정책학의 등장

1. 시대적 배경

전통적으로 행정은 인사, 재무, 조직관리 등의 관리와 운영administrative management에 중점을 두었다. 사회적으로 안정적인 상태를 기반으로 하는 관리중심의 행정은 정치와 행정을 구별하려는 입장의 W. Wilson윌슨과 L. Gulick굴릭으로 대표되는 초기 행정학자들의 '정치·행정이원론'의 입장과 맥을 같이 한다. 이는 행정을 정치와 분리하고 행정의 집행 및 관리기능을 강조한 것이다. 이들은 행정을 정치적으로 결정된 정책을 전문성을 바탕으로 중립적으로 집행/관리하는 기술적 과정으로 이해한다.

하지만 20세기를 전후로 급격한 환경 변화를 겪으면서 과거에 경험

---

14) 전 세계적으로 경제주체의 합리적 선택을 방해하는 불필요한 규제를 완화 혹은 폐지하는 방향으로 경제규제 개혁이 이루어지고 있다.

하지 못했던 커다란 사회문제에 직면하게 된다. 그 중에서도 미국의 주가 폭락이 발단이 된 1929년부터 1939년까지의 대공황Great Depression으로 대부분 국가들이 극심한 불황을 경험하였다. 미국을 비롯한 많은 나라들이 생산/공급의 급격한 위축과 이에 따른 참담한 수준의 실업과 심각한 디플레이션을 겪게 되었다.[15] 또한 세계는 영국·프랑스·러시아 등의 연합국과 독일·오스트리아를 중심으로 한 동맹국의 두 진영으로 양분된 1차 세계대전(1914-1918)과 일본·독일·이탈리아 등 파시즘 국가와 미국·영국·구소련 등 연합군 간의 2차 세계대전(1939-1945)을 잇달아 경험하였다.

경제대공황과 세계대전이라는 전대미문의 역사적 사건을 경험하면서 정부는 예측불가의 급격하고 복잡한 환경 변화에 노출되었다. 이러한 변화가 과거에 경험하지 못했던 다양한 사회문제와 정책적 이슈를 동반하면서 정부가 관리중심의 행정만으로 문제 상황에 대응하는 데 어려움을 겪게 된다. 결국 '관리중심의 행정'에서 문제를 탐색하고 해결하기 위한 '정책중심의 행정'이 주목받게 된 것이다.

이러한 흐름과 함께 정부정책을 탐구하는 정책학이 미국을 중심으로 발전하기 시작한다. 이는 1950-60년대부터 미국이 대내외적으로 커다란 혼란과 위기를 경험했기 때문이었다. 우선 대외적으로는 1962년에 소련이 쿠바에서 미사일기지 건설을 시도하려는 것에서 비롯된 미국과 소련 간의 핵전쟁 위기인 쿠바위기Cuban Crisis에 처했다. 1960-1975년

---

15) 1929년부터 1933년까지 미국의 실질GDP는 매해 전년대비 -9.9%, -7.7%, -14.8%, -1.8% 감소하였으며, 실업률은 1929년 3.2%에서 1933년 24.9%로 높아졌다(Campagna, 1987).

사이에는 베트남의 통일 과정에서 북베트남과 남베트남 정부군 및 미국이 벌인 베트남 전쟁이 있었다.

대내적으로는 1960년대 흑인들의 민권운동으로 인종차별 반대를 비롯한 정치적 평등을 위한 평등권/공민권 운동Civil Rights Movement을 경험하였고, 1970년대에 들어오면서부터 산업화와 도시화에 따른 빈곤과 범죄 등의 도시문제, 환경문제와 같은 사회문제들이 크게 대두되었다.16)

이 과정에서 관리중심에 머물던 정부는 국내외 변화와 사회문제에 대해 적절한 처방과 대응책을 내놓지 못하였으며, 현실 문제에 대한 정밀하고 체계적인 분석과 이를 통한 구체적인 대안 마련에 취약했다. 정책학의 관점에서 해석하면, 사회적 쟁점이 어떤 원인으로 발현되고 정책의 형성, 집행, 평가에 이르는 일련의 정책과정17)에 대한 포괄적인 시각과 각 단계에서 객관적이고 과학적인 접근이 부족했기 때문이다. 그 결과 바람직한 정책을 구현하기 위해 정책과정 전반에 대한 지식을 제공하는 정책학이 부상하였다.

2. 학문적 배경

정책학의 철학적, 사상적 뿌리는 미국식 실용주의Pragmatism와 논리적 분석을 중시하는 논리실증주의, 인간의

---

16) 이로부터 1964년 모든 차별철폐를 목적으로 시민적 권리에 관한 법률인 Civil Rights Act (공민권법)이 제정되었다.

17) 정책과정은 때로는 '정책결정과정(policy making process)'으로도 사용된다. 이 책에서는 정책결정이라는 용어를 정책형성과정의 일부로 보기 때문에 용어의 혼란을 피하고자 policy process로 이해한다.

행태에 관심을 갖고 경험/관찰을 통한 객관적인 사실과 증거를 중시하는 행태주의Behavioralism와 이에 대한 비판적 고찰이라고 할 수 있다. 정책학 입장에서 행태주의는 연구의 중심을 구조나 제도보다 정책의 과정에 초점을 두며, 인간 행태에 대한 분석단위를 집단보다 개인에 둔다. 이런 관점에서 정책학은 정책과정을 이해하는 데 필요한 정보와 지식뿐만 아니라 정부가 의제로서 다루고 해결해야 할 정책문제 자체에 대한 내용을 과학적으로 분석하는 것이다.

1950년대까지도 정책학은 인간행동을 객관적 자료와 정량적 통계를 기초로 검증하는 실증주의적 성향이 강했다. 하지만 1960년대 들어오면서 미국에서 폭발한 인종차별racism 등 여러 사회적 갈등과 혼란은 이전까지 주를 이루던 행태주의 중심의 정책학과 사회과학 전반에 적지 않은 변화를 가져왔다. 가치중립적인 연구를 중시하던 행태주의 연구가 이러한 사회문제에 대응할 수 있는 적정한 처방으로서 한계가 있었기 때문이다. 이후 후기행태주의Post – Behavioralism는 이념, 가치, 철학적 이론에 관심을 갖고 보다 적극적으로 사회적 문제에 대한 처방적 연구를 강조한다. 즉, 사회현상에 대한 단순한 사실 중심의 연구에서 벗어나 사회가 나아가야 할 방향을 제시하고 문제해결을 중시하는 것이다. 이후 다양한 이론과 방법론이 적용되어 정책학과 관련 연구가 활성화되기 시작했다(Easton, 1965).

학문적으로 정책학의 본격적인 출발은 정책학의 학문 체계를 정립한 Harold Lasswell해럴드 라스웰이 1951년에 발표한 '정책지향The Policy Orientation'부터라고 인정한다. 여기서 그는 정책은 결국 인간의 근본적인 문제를 해결하는 것이며 인간 존엄성의 실현이 정책학의 목적이라고 보았다.[18] 또한 그는 정책연구를 정책 및 정책과정에 대한 지식knowledge of policy and the policy process을 탐구하는 것과 정책과정에서 사용하는 데 필요한 지식knowledge in the policy process에 대한 연구로 구분하였다.

정책학은 사회문제를 해결하기 위한 정부정책을 연구하고 그 개선방안을 모색하는 학문으로, 다루는 범위와 내용이 매우 포괄적이다. 정책과정을 포함하여 그 과정에서 수행되는 다양한 분석, 정책을 둘러싼 환경조건, 이해관계자 및 공식적/비공식적 참여자, 정책의 구체적 내용과 효과 등 정책에 관한 모든 것을 연구대상으로 한다.

라스웰은 정책학이 추구해야 할 세 가지 지향점으로 맥락성, 문제지향성, 방법의 다양성을 제시한다(Lasswell, 1951; Torgerson, 1985).

우선, 정책학이 사회문제를 진단하고 해결방안을 모색할 때 해당 문제가 발생한 시간적, 공간적인 상황과 맥락을 이해해야 한다. 때로는 특정 시대의 심각한 사회문제가 시간이 지나면서 더 이상 그렇지 않게 될 수 있고, 혹은 그 반대로 이전에 전혀 문제가 아니었던 것이 새로운 사회문제로 부각될 수 있다. 유교적 전통이 강했던 시절 이혼이나 동거는 매우 심각한 사회문제로 받아들였으나 이제는 더 이상 그렇지 않다. 반대로 과거 고령화와 노인부양은 가족수준에서 해결할 수 있는 것이었으나 이제는 복지정책의 중요한 부문으로 자리 잡고 있다.

한편 일부 지역의 문제가 다른 지역에서는 전혀 문제가 아닐 수 있

---

18) Lasswell은 법이란 인간 존재의 가치를 실현할 수 있는 것으로 변화되어야 하고 이 점에서 법을 정책으로 연구해야 한다고 생각하였다.

다. 예를 들어 수도권 지역의 인구증가와 이에 따른 주거문제는 지방도시의 문제가 아닐 수 있다. 그러므로 정책을 통해 해결해야 할 문제를 정확하게 이해하기 위해서는 시공간적 맥락을 충분히 고려해야 한다.

다음으로 정책학은 사회적 맥락에서 가장 근본적인 문제에 초점을 두어야 한다는 문제지향성problem-orientation을 강조한다. 인간이 집단으로 함께 살아가는 사회는 언제나 크고 작은 다양한 문제들이 나타나기 마련이며, 이 문제들은 대부분 복잡하게 얽혀있다. 정책이 연구해야 할 대상은 이 중에서도 가장 근본적이고 핵심이 되는 문제이다.

마지막으로 정부가 관심을 두고 있는 정책문제를 탐구하고 해결방안을 제시할 때에는 단수적 접근이 아닌 복합적인 방법들을multiple methods을 고려해야 한다. 여기에는 문제를 바라보는 시각, 이론과 모형 그리고 구체적인 정책수단과 방법론까지 모두 포함된다. 전통적으로 정책학이 학제적·융합적interdisciplinary 연구를 지향하는 이유가 여기에 있다.

3. 정책학의 접근방법

사회과학으로서 정책학은 두 개의 얼굴을 가지고 태어났다. 무엇보다도 정부정책을 다루는 학문이기 때문에 가치판단value judgement의 얼굴을 벗어버리기 어렵다. 모든 정책에는 시민들과 정부를 구성하는 정치인과 관료의 가치관이 개입된다는 뜻이다. 그런데 가치판단은 개인의 사상, 이념, 철학이 반영된 주관성 때문에 객관적인 판별이 어렵다.

물론 사회현상과 문제를 관찰하고 정책을 수립하는 과정에서 개인의 감정, 인정 등을 배제하고 가능한 객관적이고 가치중립적인 자세를 견지하고자 한다. 하지만 이 같은 태도는 우리가 지향하는 것이지 현실적인 모습과는 거리가 멀고, 나아가 모두가 공감하는 객관적인 합의를 이끌기 쉽지 않다. 예를 들어, 과거 '관치의 시대'에 정부가 국가를 이끌고 나가야 한다는 사고를 가진 정치인과 공무원이 정책결정자라면, 시민의 자유와 재산을 침해하는 규제정책을 양산할 가능성이 높을 수밖에 없을 것이다.

정책학은 또한 (사회)과학science이기 때문에 정책을 연구대상으로 사실과 증거에 바탕을 두고 인과관계causality를 규명하고자 한다. 그리고 이를 통해 정책이 목표로 하는 현상을 이해하는 보편적이고 객관적인 법칙/진리를 탐색한다. 결국, 정책학은 가치판단을 전제로 과학적 경험을 통해 사회문제를 해소(처방)하려는 학문이라고 볼 수 있다.

정책학은 연구의 특성에 따라 정책연구를 크게 규범적 접근방법과 실증적 접근방법으로 나누어 볼 수 있다.

규범적 접근방법normative approach은 시민들의 복지나 공익을 위해 정책이 어떤 방향성을 갖고, 무엇을 해야 하는지의 당위성을 모색하는 데 중점을 두고 있는 정책연구방법이다. 무엇이 바람직한지, 어떻게 해야 하는지에 대한 정책 방향과 내용을 제시하는 접근방법으로 가치판단이 개입된 연구라고 할 수 있다. 이는 가치의 세계를 다루는 접근방법이기 때문에 가치(판단)의 주관성, 상대성, 시대 및 지역성의 차이에 따라 달라지는 경향이 있다.

이에 반해, 실증적 접근방법positive approach은 규범적 접근방법과 달리 객관적인 관찰과 실험 등 과학성을 기초로 주어진 사회현상을 있는 그대로 설명하려는 접근방법이다. 여기서 '설명'이란 가치중립적이고 과학적인 방법을 통하여 어떤 현상의 인과관계를 규명하는 것이다. 따라서 실증적 접근방법은 개인의 규범이나 주관적 가치판단의 개입을 가능한 배제하고 자료의 관찰과 실험을 토대로 경험적인 접근을 통해 있는 그대로의 객관적 사실을 발견하는 데 초점을 두는 연구방법이다.

참고문헌

• 김성준. (2020). 공공선택론(제2판). 박영사.

• 정정길 외. (2004). 정책학 원론. 대명출판사.

• 허범. (2002). 정책학의 이상과 도전. 한국정책학회보, 11(1). 한국정책학회.

• Anderson, J. (1990). *Public Policymaking: An Introduction.* Houghton Mifflin.

• Brooks, S. (1989). *Public Policy in Canada: An Introduction.* McClelland and Stewart, Inc.

• Campagna, A. (1987). *U.S. National Economic Policy, 1917−1985.* Praeger Publisher.

• Dror, Y. (1983). New Advances in Public Policy Teaching. *Journal of Policy Analysis and Management,* 2(3).

• Dye, T. (1972). *Understanding Public Policy.* Englewood Cliffs.

• Easton, D. (1965). *A Framework for Political Analysis.* Englewood Cliffs, Prentice−Hall.

• Howlett, M. (2004). Beyond Good and Evil in Policy Implementation: Instrument Mixes, Implementation Styles, and Second Generation Theories of Policy Instrument Choice. *Policy and Society,* 23(2). Elsevier.

• Lasswell, H. (1951). *The Policy Orientation.* In D. Lerner and H. Lasswell (ed.), The Policy Science · Hoover Institute Studies.

- Lindblom, C. (1959). The science of 'muddling through'. *Public Administration Review*, 19.

- Lowi, T. (1964). *American Business, Public Policy, Case Studies, and Political Theory*. World Politics.

- Lowi, T. (1972). Four Systems of Policy, Politics, and Choice. *Public Administration Review*, 32(4).

- Rabin, J. (2003). *Encyclopidia of Public Administration and Public Policy*. Marcel Dekker, Inc.

- Schuck, P. (2014). *Why Government Fails So Often*. Princeton University Press.

- Torgerson, D. (1985). Contextual Orientation in Policy Analysis: The Contribution of Harold D. Lasswell. *Policy Sciences*, 18.

정책형성

"의사결정의 성패는 신중한 생각과 본능적 사고 간의 균형에 달려있다."

- *Malcolm Gladwell*

"소수가 정책을 결정하지만 모든 국민이 비판의 자유를 가진 사회가 열린사회라면,
닫힌사회란 소수의 지배자가 통치하고 다수의 국민에게는 복종만이 강요되는 사회
이다."

- *Karl Popper*

프롤로그

인간은 태어나면서부터 자신의 의지와 상관없이 가족이라는 집단에 속하게 되며, 본능적으로 모여살기를 좋아하는 동물이기에 사회적 동물이라고 합니다. 하지만 사람들이 공동체나 사회를 이루어 살게 되면 구성원들 사이에 자연스럽게 대립, 갈등, 충돌이 발생하기 마련입니다.

사회구성원들 간의 문제는 일차적으로 당사자들이 해결할 수 있습니다. 하지만 개인과 집단이 점점 다양해지고 사회규모가 확대되고 복잡해지면서 이들 사이의 비인격적인 관계가 보편화되기 시작합니다. 그 결과 '문제해결자$_{problem-solver}$'로서 제3자의 역할이 중요해지고 이제는 상당 부분 그 역할을 정부가 담당합니다.

정부는 사회문제를 해결하기 위해 정책을 통해 시민들의 삶에 직간접적으로 개입합니다. 그러나 모든 사회문제가 정책의제가 되지는 않습니다. 사회문제는 정부가 공식적인 의제로 선택했을 때 비로소 정책적 의미를 갖는 것입니다. 어떤 사회문제는 주어진 맥락에 따라 정책의제가 될 수도 있고 되지 않을 수도 있습니다. 과거에는 정상적인 것으로 받아들여졌으나 시대가 변하면서 정책문제가 되기도 하고, 어떤 지역에서는 평범하고 자연스럽게 받아들여지는 것이 다른 지역에서는 심각한 사회문제가 되기도 합니다.

저는 우리가 정책의제를 논의할 때는 A. Wildavsky월다브스키가 언급한 말을 기억할 필요가 있다고 생각합니다.

"문제란 그것에 대해 무언가를 할 수 있을 때만 문제이다."[1]

즉, 정책문제가 되기 위해서는 우선 해당 사안을 비롯하여 주어진 상황과 여건 등을 고려하여 정부가 개입해서 해결할 수 있는 문제인지를 정확하게 확인해야 하고 적정한 해결방안이 있어야 합니다. 정책형성은 사회문제와 쟁점을 파악하여 정부의제를 설정하고 정책을 결정하는 과정입니다. 결국 정책형성에 대한 학습은 정책과정을 이해하는 첫걸음인 셈입니다.

---

1) "A problem is linked to a solution; a problem is a problem only if something can be done about it (Wildavsky, 1979)."

1. 정책참여자

기본적으로 정책의 주체는 입법, 행정, 사법의 기능을 수행하는 법적 권한legal authority을 가진 정부이다. 하지만 정책이 형성, 집행, 평가되는 전 과정에 정치인과 관료 등 정부관계자뿐만 아니라 다양한 이해관계와 영향력을 갖는 개인과 집단이 참여한다. 정책참여자는 크게 공식 참여자와 비공식 참여자로 구분할 수 있다.

1) 공식 참여자

정책과정에서 공식 참여자official actors란 국가로부터 합법적인 권한을 인정받아 정책을 입안하고 집행하는 개인이나 집단을 말한다. 대표적으로 입법기관인 국회와 지방의회의 의원, 중앙부처 장관을 포함한 행정부 관료, 자치단체 장과 공무원, 사법기관인 법원 등이 포함된다.

민주주의 국가에서 국회와 지방의회는 민선의원으로 구성되며, 이들은 법을 만드는 입법가lawmaker로서 정책형성에 핵심적인 역할을 한다. 입법부는 정책을 실질적으로 구현시킬 법률을 제정할 뿐 아니라 집행에 필요한 예산을 심의, 승인하고, 감사를 통해 정책을 평가하는 감시·감독자의 역할을 한다.

관료를 중심으로 하는 행정부는 정책을 실제로 집행하는 공식 참여자이다. 정책집행자의 역할을 담당하는 관료는 정부의 업무가 복잡·다양해지면서 전문성을 무기로 정책형성을 포함하여 전반적인 정책과정에서 갈수록 비중 있는 역할을 하는 추세이다.

사법권을 행사하는 기관인 법원(대법원, 고등법원, 지방법원, 가정법원)은 공식 참여자로서 정책의 법적 해석과 판단을 하는 권한을 갖는다. 법원은 정책과정에서 발생하는 갈등과 분쟁에 대해 법률적 판단을 통해 최종적으로 결론을 내리는 판정자$_{judge}$의 역할을 한다. 이 같은 법원의 판단은 입법부와 행정부뿐만 아니라 일반 국민들의 생활에도 광범위한 영향을 미친다.

정책과정의 공식 참여자로서 주목해야 할 또 하나의 주체는 유권자로부터 선출된 대통령이다. 특히 우리나라와 같이 대통령중심제의 정치체제하에서는 국가원수와 행정수반의 지위를 가진 대통령을 중심으로 한 대통령실$_{Presidential\ Office}$이 정책과정 전반에서 중요한 역할을 한다. 행정수반으로서 대통령은 행정기관을 통해 모든 정책을 집행하고 감독할 권한과 책임이 있다. 뿐만 아니라 의제설정 과정에서 정부의제를 결정하는 데 영향을 미치며, 국방, 외교정책 등의 정책결정에도 대통령은 중추적인 역할을 한다.

공식 참여자의 특징은 정책과정에서 법률에 의해 법적 권한을 가진다는 점이다. 특히 입법가는 헌법적 권한을 가지고 정책과정에 참여하는 일차적이고 가장 중요한$_{primary}$ 정책입안자이고, 행정부의 관료는 이들로부터 권위를 위임받은 이차적/보충적$_{supplementary}$ 정책입안자에 해당한다(Anderson, 1997).

2) 비공식 참여자

공식 참여자와 달리 법적 권한은 없지만 정책과정에서 상당한 영향력을 미치는 개인과 집단을 비공식 참여자unofficial actors라고 한다. 대표적으로 이익집단, 정당, 대중매체, NGO, 전문가 집단이 있다.

이익집단interest group이란 개별 사안에 대해 공통의 관심과 이해관계를 공유하고 이를 증진시키는 목적으로 조직화된 사람들의 모임이다. 이들은 자신의 목적 달성을 위해 관련자에게 영향력을 행사하기 때문에 압력단체pressure group라고도 불린다. 다만, 정당과 달리 직접 정권 창출을 추구하지는 않는 것이 일반적이다. 정책과정에서 이익집단은 물질적 지원뿐만 아니라 비물질적, 정치적으로 지원한다.

정당party은 이익집단과는 달리 정권 창출을 목적으로 하는 조직이다. 정치적 이념이나 철학을 공유하는 사람들이 정권 획득을 통해 자신의 이상을 실현하기 위해 정책에 직접적인 영향을 미치고자 한다. 다만, 정권 창출에 실패한 경우에도 여러 경로를 통해 정책과정에 영향력을 주는 경우가 많다.

현대사회에서 대중매체는 적지 않은 영향력을 행사한다. 특히 시민들의 지력(智力)과 의식수준이 낮은 사회에서 대중매체는 게이트키퍼로서 여론에 결정적인 영향을 미친다. 여기서 게이트기퍼gate keeper란 특정 사건이 매체를 통해 시민에게 전달되기 전에 매체기관 내부에서 미리 취사선택하고 검열/조작하는 이들을 말한다. 근래에는 다양한 뉴미디어의 등장과 SNS 등의 급속한 보급으로 전통적으로 조직화되지 못했던 일반 시민들이 정책과정에 중요한 비공식 참여자로 대두되고 있다. 이들은 여론을 통해 의제설정에서 정책평가에 이르기까지 정책과정 전반에 특별한 역할을 한다.

원칙적으로 NGO는 문자 그대로 정부와의 관련성 없이_non-governmental 시민의 자발적인 참여를 토대로 공익을 추구하는 기구이다. 따라서 NGO의 생명은 정부로부터의 완전한 독립성과 자치성 확보에 있다. 물론 조직의 운영을 위한 기본적인 혜택이나 외부로부터의 기부 및 지지를 어느 정도 인정한다 하더라도 독립성과 자치성이 확보되지 못한다면 소위 '어용단체' 혹은 '관변단체'로 전락하기 쉽다. 거버넌스_governance의 중요성이 증대하는 현대 행정에서 NGO는 정부를 견제하고 일정 부분 그 기능을 보완하는 역할에서 벗어나 정책과정에 적극적으로 참여하여 정책 수요자로서 더 큰 목소리를 내고 있다.

마지막으로 전문가 집단은 비공식 참여자로서 특정 분야에 대한 전문지식을 바탕으로 자문가, 평가자 등의 역할로 정책과정에서 영향력을 미친다. 그들은 사회적으로 무시되기 쉬운 문제를 쟁점화하여 정부의제화하기도 하며, 문제해결을 위한 구체적인 정책대안을 제시하는 등의 전문성을 활용하여 정책과정 곳곳에 참여한다. 뿐만 아니라 지식과 경험을 인정받아 정권 창출과 함께 주요 보직_post에 공식 참여자로서 직접 관여하기도 한다.

넓은 의미에서는 사실상 법에 근거한 공식 권한을 가진 이들을 제외한 모든 일반 국민이 비공식 참여자라고 볼 수 있다. 이들은 원칙적으로 정책과정에 참여할 수 있는 공식적·법적 권한은 없지만, 참여민주주의와 거버넌스 행정이 강조되면서 갈수록 중요한 정책참여자로 간주되고 있다.

표 3 • 정책참여자의 유형과 역할

유형		역할
공식적 참여자	입법부 의원	• 정책을 실질적으로 구현·실현시킬 법률의 제정 • 집행예산의 심의/승인/감사를 통한 정책평가
	행정부 관료	• 정책집행 • 관료의 전문성을 활용한 정책형성 참여
	법원	• 정책과정에서 발생하는 갈등과 분쟁을 법 해석을 통해 판결
	대통령	• 행정수반으로서 정책을 집행하고 감독하는 권한과 책임 • 정부의제 결정에 영향, 정책결정 과정에 핵심 역할
비공식적 참여자	이익집단	• 특정 문제에 대한 구성원들의 공통의 관심과 이해관계의 공유 및 증진
	정당인	• 정권창출을 목적으로 구성된 결사체로 정권획득을 통해 정부정책에 직접적인 영향
	대중매체 SNS	• 여론을 통해 의제설정에서 평가에 이르기까지 정책 과정에 영향 • 시민의식이 낮은 사회에서 대중매체는 게이트키퍼로서 여론에 영향
	NGO	• 정부도움 없이 시민의 자발적인 참여를 통한 공익 추구

2. 정책참여자의 상호작용

　　　　　　　　　다양한 공식/비공식 정책참여자가 정책과정에서 어떤 역할과 방식으로 참여하는가에 대해 다양한 정책네트워크 이론과 모형이 개발되었다. 정책네트워크Policy Network란 정책결정과정에 영향을 주기 위해 이해관계자 간의 상호작용을 중시하는 관계구조로서 이를 통해 부문별로 실질적인 결정권을 공유한다. 따라서 정책네트워크이론은 정책과정에서 정부와 이익집단 등 참여자들의 '관계'를 설명하기 위해 제시되었다. 이는 현실적으로 공공부문과 민간부문의 여러 참여자들이 다양한 수준과 분야에서 공식적, 비공식적 관계와 상호작용을 통해 정책과정에 참여하고 있다는 사실에서 출발한다(Rhodes, 1990). 여기서는 정책참여자들이 비교적 동등하게 결정 권한을 공유하는 하위정부 모형, 이슈네트워크 모형, 정책공동체 모형을 소개한다.

　　우선, 하위정부 모형Subgovernment Model은 1956년 "철의 삼각: 영향력, 배경, 전망"과 "철의 삼각형의 균열?"에서 언급된 철의 삼각형Iron Triangle이라는 개념과 함께 등장하였다.[2] 이 모형은 특정 영역의 정책과정에 실질적인 결정권을 행사하는 참여자들 사이의 관계에 주목한다. 특히, 미국 정치의 경험을 통해 정책 영역별로 각 이익집단이 해당되는 관료, 의회 위원회와 하위체제를 형성하고 긴밀한 네트워크를 통해 특정 분야에 대한 정책결정과 집행에 확실한 영향을 주고 있음을 보여준다. 하위정부 모형은 정치시장에서 목도할 수 있는 여러 양상들을 잘 설명하고 있다.

---

2) Congressional Quarterly Weekly Report(1956).

1970년대 말 하위정부 모형의 대안으로 이슈네트워크 모형이 등장한다. 이슈네트워크 모형Issue Network Model은 문자 그대로 '쟁점issue'을 중심으로 정책참여자들 간의 개방적이고 유동적인 상호작용을 강조하면서 전문가들 간의 의사소통에 초점을 맞춘 모형이다(Heclo, 1978). 특정 분야에 관심과 이해관계를 갖는 참여자들(관료, 정치인, 학자, 언론인 등) 사이의 의사소통 네트워크를 강조하면서 관련 쟁점에 대한 참여자들의 전문성을 중시한다. 하위정부 모형이 집단들 사이의 안정적이고 폐쇄적인 네트워크라면 이슈네트워크 모형은 상대적으로 상호경쟁이나 상호의존성이 약한 개방적 네트워크라는 특징이 있다.

정책공동체Policy Community란 특수한 정책분야에 전문지식을 갖춘 교육기관의 학자, 연구원, 정부기관 관료 등이 공식/비공식적으로 접촉하면서 형성된 공동체이다(Jordan & Maloney, 1997). 통상 정책공동체는 직접적인 이해관계자가 배제되며, 참여자들은 개별적 관심에 따라 활동하면서도 정책에 대한 기본적인 이해의 공유와 상호협력을 통해 비교적 안정적이면서 지속적인 관계를 유지한다.

정책이슈에 대한 공동체가 유기적인 연계 속에서 기능하게 된다면 다양한 수요를 반영하고 정책내용의 합리성을 제고하여 전통적인 관료제에 의한 문제해결 방식보다 효과적인 정책을 추진하고 정책목표를 달성할 수 있다. 정책공동체는 특정 정책분야의 관련자들에게 정책과정에서 필요한 내용에 대한 자문과 합의를 유도하는 제도적 장치로서의 네트워크 거버넌스와 밀접한 관계를 갖는다(김형수, 2013).

3. 정책환경

정책환경policy environment은 정책을 둘러싼 유·무형의 외부조건을 포함한 모든 측면을 포괄적으로 일컫는 말이다. 여기에는 정책형성과정에서 정책설계, 기획에서 분석되는 사회경제적 측면이 포함된다. 정책환경은 정부가 추진하는 정책을 촉진하거나 제한하는 중요한 역할을 한다.

유형의 정책환경에는 인구, 지리적 환경, 지정학적 여건 등 물리적 환경뿐만 아니라 정당, 이익집단, 언론 등 구체적인 행위자적 성격의 요소들이 포함된다. 반면, 무형의 정책환경이란 사회적, 문화적 배경에서 영향을 받는 모든 정치행정 및 사회경제적 상황이 포함된다.

정책환경은 정책과 매우 유기적인 상관관계를 가지면서 때로는 정책에 영향을 미치기도 하고 반대로 정책이 정책환경에 영향을 주기도 하는 동시적 관계이다. 전자의 경우 인구통계학적 변수를 포함하여 산업화, 도시화 등 사회경제적 변수로서의 정책환경이 정책에 영향을 준다. 반면 후자의 경우는 정책의 의도된 효과와 부수효과라는 정책효과가 정책환경에 영향을 준다.

예를 들어, 규제정책이 사회규범을 형성하기도 하고, 새로운 사회규범의 등장으로 규제정책이 신설되기도 한다. 정부의 담배소비억제정책은 흡연문화에 새로운 사회적 규범을 만들었고, 코로나19의 세계적 유행은 사회적 거리두기와 방역규제 강화를 초래했다.

일반적으로 정책의 최종적인 효과(목적)는 사람들의 행동양식을 변화시키고 그를 둘러싼 환경변화라는 형태로 발현된다. 이때 정책대상이 정책환경이나 자신들의 행태 변화가 정부의 의도된 정책에 의해 초래된 결과로 인식하게 되면 정책효용이라 할 수 있다. 따라서 정책효용이 있다고 평가되면 일단은 정책문제가 해결되고 정책목표가 달성되었다고 볼 수 있으며, 반대로 정책효용이 없거나 미미하다고 평가되면 원칙적으로는 정책을 종결하는 것이 바람직하다. 다만 정책의 기본 목적을 유지하거나 수단의 개선이 필요한 경우 정부의 추가 노력이 요구된다.

정책환경 가운데 정책에 중대한 영향을 미치는 정치문화와 사회경제적 조건을 생각해보자. 정책은 본질적으로 정치적 산물이기 때문에 그 나라의 정치문화에 영향을 받는다. 여기서 정치문화political culture란 정부가 무엇을 해야 하며, 어떻게 운영되고, 시민들과 어떻게 소통하고 관계를 맺는지에 대한 사회의 공유가치, 신념, 태도라고 할 수 있다. 따라서 정치문화는 정책결정자에게 일종의 지침guideline 역할을 하여 정부가 정책을 만들고 추진하는 데 큰 영향을 미친다.

정책은 상당 부분 서로 다른 사회경제적 조건을 가진 이해관계자들 간의 갈등을 조정하는 과정에서 만들어진다. 이들은 자신이 처한 환경, 소득 및 교육수준 등에 따라 정부에 대해 상이한 기대와 요구를 하며, 이 같은 요인들은 결국 정책의 성패를 결정지을 만큼 중요한 영향을 미친다(Dawson & Robinson, 1963). 의제설정과정에서 특별히 주목해야 할 것은 이 과정에 누가 참여하고 어떤 의제가 왜 살아남는가이다.

1. 의제설정 과정

세상의 모든 문제들이 정부가 정책적으로 개입해야 할 사안이 되는 것은 아니다. 이는 자유민주주의 국가에서 바람직하지 않을 뿐만 아니라 현실적으로도 실현 불가능에 가깝다. 여기서는 사회문제 가운데 정부가 정책을 통해 해결하려는 문제로 결정되는 정책의제설정Agenda Building/Setting에 관해 살펴보기로 한다. 의제설정은 정책과정의 출발점으로 이후 정책형성과 정책집행에 중요한 영향을 미친다.

사회가 공동생활을 영유하기 위해 모여 이루는 사람들의 집합이라고 본다면, 사회문제는 근본적으로 개인의 문제individual problem에서 출발한다고 볼 수 있다. 예를 들어, 흡연으로 인한 건강문제는 매우 사적/개인적인 문제에서 시작된다. 흡연으로 인한 건강폐해를 입지 않기 위해서는 흡연자 스스로 담배를 피우지 않으면 되기 때문이다. 그런데 흡연인구가 늘어나고 이로 인한 사회적 비용이[3] 심각한 수준으로 커지면 흡연은 이제 더 이상 개인문제가 아닌 사회문제가 된다. 특히 간접흡연secondhand smoke의 피해로 흡연행위가 다른 사람들에게 부정적인 영향(외부효과)을 미치게 되면 흡연은 개인의 문제에서 머물지 않게 된다.

따라서 정책문제가 되기 위해서는 구성원들이 해당 문제를 사회문제

---

3) 후생경제학의 관점에서 사회적 비용(social cost)이란 결국 개별 구성원의 비용(private/individual cost)을 합한 것이다.

로 인식해야 한다. 또한 영향을 미치는 대상의 규모가 크고 직접 연관되지 않은 사람들을 포함하여 광범위한 효과가 발생해야 한다(Dewey, 1927, 2014). 그런 경우 사회문제로서의 흡연은 이제 사회적 이슈가 되기 시작한다. 사회적 이슈social issue란 특정 사회문제의 성격이나 이를 해결하는 방법에 대해 의견 일치를 보기 어렵고 논쟁의 대상이 되는 쟁점 debatable problem을 말한다.

흡연문제가 사회적 이슈(쟁점)가 되고 정부가 해결해야 하는 문제로 인정되면 이제 공공의제(public agenda, 혹은 체제의제 systemic agenda)가 되고, 이것이 정부의 공식적인 의사결정에 따라 구체적으로 논의되기 시작하면 정부의제governmental agenda가 된다. 공공의제와 정부의제의 차이는 전자가 대부분의 사회적 이슈에 대해 일반적이고 추상적인 수준에서 문제를 확인하고 논의하는 수준에 그치는 반면, 후자는 정부가 문제를 보다 적극적으로 개입하고 해결해야 할 의제로 받아들여 구체적인 해결 방안을 모색하는 의제라고 할 수 있다.

요약하면 의제설정 과정은 개인문제가 사회문제화되어 사회적 이슈로 전환되고 이것이 공공의제를 거쳐 정부의제가 되는 과정이다(Eyestone, 1978; Cobb & Elder, 1972).

그림 1 • 의제설정 과정

2. 정책공식화

　　　　　　　　　정책공식화policy formulation는 의제설
정 단계에서 그 본질이나 내용을 이해하고 알게 된 문제를 해결하기 위
해 정책목표를 정하고 제안된 정책대안들을 비교·평가하여 적절한 방책
을 모색하고 정교하게 개발하는crafting 과정이다(Anderson, 1997; Sidney,
2007). 정책문제가 정부사업이나 프로젝트로 어떻게 구체적으로 전환되
는지를 의미한다.

　이 과정은 의제설정 후 정책을 최종적으로 채택하기 전까지의 단계
로 입법기관, 정부부처, 대통령과 소속기관, 이익집단 등의 이해관계자
가 참여한다. 이 때 정책대안을 설계하는 과정이 이해관계자들 사이에서
영향력을 표현하고 배분하기 때문에 정책공식화는 정책집행과 결과에
영향을 미친다.

　　　정책공식화는 기술적인 과정technical process으로서 두 단계로 전개된
다. 첫 번째 단계에서는 어떤 문제에 대해 무엇을 해야 하는가를 결정하
고 이에 대한 답을 일반원칙general principles의 형식으로 나타낸다. 예를

들어, 우리나라는 경제발전을 위해 어떤 규제관리시스템을 도입해야 하는가를 결정하고 이를 위한 일반원칙을 구성하는 것이다. 두 번째 단계에서는 이 원칙들을 적절히 수행하기 위한 실질적인 법률의 초안을 작성한다. 이때의 서술방식과 세부규정이 정책과 사업의 실질적인 내용과 집행에 중요한 영향을 미친다.

제3절 정책결정모형

넓은 의미에서 정책결정은 의제설정에서부터 정책이 추진되는 전 과정에서 매순간 요구되고 성립된다. 이 절에서는 정책형성의 핵심이라고 할 수 있는 정책결정에 대한 대표적인 이론과 모형들을 알아본다.[4] 정책결정은 정책에 대한 정부의 의사결정으로, 그 주체를 정부로 한정하는 것을 제외하고는 의사결정의 메커니즘과 본질적으로 크게 다르지 않다. 다만, 원칙적으로 의사결정의 주체는 개인인 데 반해, 정책결정은 정치적/집단적으로 이루어진다는 차이가 있다.

일반적으로 의사결정decision making이란 개인/집단이 주어진 목표를 달성하거나 문제 해결을 위해 여러 대안들 가운데 가장 바람직한 행동

---

4) 정책형성과정에서 정책결정은 의제설정부터 대안모색, 정책채택의 단계까지를 모두 포함하는 개념으로 사용된다. 정책채택(policy adoption)은 정책공식화 이후에 오는 정책과정에서 정의되는데 정책대안을 선택하는 결정의 일부로 이해할 수 있다.

방안이나 방책을 선택하는 과정과 관련되는 모든 절차와 지적 행태를 포함하는 개념이다(Lunenburg, 2010; Anderson, 2014).

이로부터 의사결정의 몇 가지 특징을 알 수 있다. 우선, 의사결정의 주체는 개인이나 집단이다. 방법론적 개인주의 관점에서 의사결정의 주체는 오직 개인이지만, 집합주의 관점을 취할 경우 집단이나 조직이 의사결정의 주체가 될 수 있다. 둘째, 의사결정은 목표달성 또는 문제해결을 위한 두 개 이상 복수의 대안들이 존재하는 것을 전제한다. 예컨대, 선택할 수 있는 대안이 오직 하나에 불과하다면 그를 수용해야 하기 때문에 엄밀한 의미에서 의사결정을 한다고 보기 어렵다. 마지막으로 의사결정은 바람직한 행동방침을 선택하는 과정이기 때문에 주어진 상황이나 여건에서 가장 합리적이고 효과적인 선택이 되도록 노력한다는 의미를 담고 있다.

이 절에서는 주요 정책결정모형들을 소개한다. 이들은 대부분 합리모형이 가지고 있는 현실적 적실성의 한계를 보완하려는 노력으로 등장했다고 볼 수 있다.

1. 합리모형

합리모형Rational Model은 사람들은 대체로 합리적으로 생각하고 행동한다는 가정에서 출발한다. 인간은 주어진 제약조건에서 이성과 논리를 바탕으로 문제해결을 위해 가능한 모든 대안 가운데 최선의 선택을 한다는 것이다. 따라서 이 모형은 현실에 대한 경험적 사실과 관찰을 통한 귀납적인 논리보다 의사결정자가 목표달성을 극대화하기 위해 가장 바람직한 결정이 어떻게 이루어져야 하는가를 분석하는 규범적이고 이상적 모형이라고 할 수 있다.

합리모형에 따르면 정책결정자는 완전한 정보를 바탕으로 상황을 완벽하게 이해하고, 명확한 선택 기준에 따라 목표달성의 극대화를 위한 모든 대안들을 탐색하며, 이를 위한 풍부한 자원을 가지고 있다. 문자 그대로 최선의 정책결정을 위한 모든 조건을 갖추고 있다는 것이다. 포괄적 모형Comprehensive Model이라고도 부르는 합리모형은 현실적으로 실행가능성은 낮지만 정책결정에 대한 하나의 이상적인 준거틀ideal frame of reference을 제공한다는 점에서 특별한 중요성이 있다.[5]

이상적인 합리모형에 대해 H. Simon사이먼(1976)은 근본적으로 인간은 완벽하게 합리적인 존재일 수 없다고 주장한다. 인간의 합리성은 개인의 능력, 정보, 경험 등에 제한을 받기 때문에 개인의 의사결정과 정책결정 모두 이러한 제약조건하에서 최적의 대안을 선택하는 것에 불과하다는 것이다. 특히, 정보는 대부분 불완전하고 불충분하기 때문에 모든 상황과 문제를 정확하게 밝힐 수 있는 정보란 매우 드물다. 게다가 인간의 유한한 지적능력으로는 관련된 모든 정보를 소화하여 가능한 모든 대안을 비교 분석하고 결과를 예측할 수 없다.

나아가 이 같은 정보의 불완전성과 인간의 제한적 지력이라는 장애물을 극복한다 하더라도 정책결정자의 주관성subjectivity을 배제하기 어렵

---

5) 이 같은 학문적 접근방식은 경제학에서도 적용되는데, 완전경쟁시장을 기본적인 준거틀로 상정하고 시장을 분석한다. 현실적으로 완전경쟁시장은 존재하기 어려우나, 이를 이상적인 준거틀로 삼고 시장 상황이나 조건에 따라 독과점시장, 독점적 경쟁시장 등 보다 현실적인 시장모형을 제시하는 것이다.

다. 개인의 가치와 사회적 가치가 항상 같을 수 없고 도리어 빈번하게 갈등을 초래하며, 갈등은 결국 합리적인 정책결정을 방해하기 쉽다. 이 밖에도 기존의 정책과 사업에 이미 투입된 비용을 회수하거나 재사용할 수 없는 매몰비용sunk cost의 문제는 더 나은 정책의 추진을 가로막는다.

결국 합리모형은 정책결정의 이상적 모형으로서 정책결정이 어떤 방향으로 가야 하는지를 보여주는 데 의의가 있다. 한마디로 정책결정자가 추구해야 할 이상형ideal type인 셈이다. 동시에 과거에 비해 이상형에 좀 더 가까이 갈 수 있는 여건이 조성되고 있다. 예를 들어, 발전하는 기술 진보 덕분에 합리적 정책결정의 가장 큰 걸림돌인 정보문제를 해소할 수 있는 정보처리기술과 인공지능과 빅데이터를 활용한 분석기법들은 전통적으로 합리모형의 적용을 제한하던 장벽들을 극복해가고 있다는 점에서 주목할 만하다.

그렇다면 '합리적rational'이란 무슨 의미일까? 합리성의 개념은 철학적, 학문적 배경에 따라 다양하게 정의되고 유형화 될 수 있는데, 사이먼은 합리성을 실질적 합리성과 절차적 합리성으로 나누어 설명한다(Simon, 1964). 합리적 의사결정이란 주어진 제약조건에서 목표를 달성하기 위한 최선의 수단을 선택하는 것을 의미한다. 합리성은 일종의 도구적 개념으로 사용되며 의사결정에 대한 정당성의 근거가 된다. 이 같이 선택의 과정보다 결과를 중시하는 합리성을 실질적 합리성Substantive Rationality이라 한다. 실질적 합리성은 어떤 내용을 선택하느냐에 대한 것으로 '내용적 합리성'이라고도 한다.

그런데 정책의 특성상 정책효과가 정책을 집행한 후에 나타나기 때문에 실질적/내용적 합리성을 사전에 확보하기 어렵다. 따라서 의사결정의 내용보다 의사결정 과정/절차의 합리성을 추구하는 것이 보다 현실적이다. 이것이 절차적 합리성Procedural Rationality이 중요한 이유이다.[6] 절차적 합리성은 대안을 선택하기 위해 사용된 절차가 인간의 인지능력에 비추어 얼마나 효과적이었는지의 정도를 보여준다. 그것이 최선의 대안인지와 관계없이 대안을 선택하는 절차가 이성적이고 합당한 것이라면 합리성이 확보된 것으로 보는 것이다.

따라서 절차적 합리성은 의사결정이 어떤 과정을 통해서 결정되는가에 관심을 두고 문제의 해결책을 강구하는 데 사용되는 방법에 초점을 둔다. 절차적 합리성을 확보하기 위해서는 최소한 상대적 비교 기준으로 1) 비판의 제도화, 2) 절차의 공개성, 3) 절차의 공평성, 4) 절차의 적절성 등의 조건들을 갖추어야 한다(김영평, 1991).

한편, P. Diesing디징(1962)은 합리성을 기술적, 경제적, 사회적, 법적, 정치적 합리성으로 구분한다(백완기, 2007). 기술적 합리성은 수단이 목표를 얼마나 잘 달성하는가에 대한 수단의 효과성과 목표와 수단 간 인과관계의 적절성을 추구하는 것이다. 경제적 합리성은 목표달성과 함께 비용의 능률성을 포함한 효율성을 말한다. 그에 따르면 사회적 합리성은 사회시스템의 구성요소 간의 조화와 통합성을 의미하며, 법적 합리성은 인간들 사이에 권리나 의무관계가 성립되고 규범적 측면에서 갈등 해결의 필요성이 있을 때 나타난다. 마지막으로 보다 나은 정책을 결정할 수 있는 정책결정구조의 확보를 정치적 합리성이라고 한다.

---

6) 절차적 합리성에 대한 자세한 내용은 오석홍·김영평(2000)을 참조.

2. 만족모형

행동과학/심리학 배경을 토대로 한 만족모형은 원래 개인의 의사결정에 관한 이론으로 출발하였다. H. Simon 사이먼과 J. March마치는 인간의 인지적, 심리적 요소 등을 고려하여 현실적인 의사결정행태를 설명하기 위한 모형을 제시한다(Simon, 1955; March & Simon, 1958). 만족모형Satisficing Model은 인간의 능력은 한계가 있다는 전제하에 정책결정자가 할 수 있는 결정은 최선/최적의 대안이 아니라 '충분히 만족할 만한' 수준의 대안을 선택하는 것이 타당하다고 주장한다. 여기서 'satisficing'이란 '만족하다'를 의미하는 'satisfy'와 '충분하다'를 뜻하는 'suffice'를 조합한 용어이다.

인간은 타고난 능력의 한계로 완벽하게 이성적이고 합리적일 수 없기 때문에 현실적으로 합리성이란 불완전하고 제한적일 뿐이다. 따라서 제한된 인지적 자원 때문에 사람들의 의사결정은 모든 정보와 대안을 모두 계산해서가 아니라 그저 만족할 만한 수준에서 이루어지는 것이 보통이다. 이것이 사이먼이 제시한 제한적 합리성Bounded Rationality의 핵심 개념이다.

예를 들어 대학 주변에 원룸을 구하려는 학생은 학교로부터의 거리, 월세 등의 비용 등을 고려할 때 최적의 수준이 아니더라도 만족스러운 수준에서 선택하게 된다. 다만 만족스러운 것으로 간주되는 선택기준이 시간이 지나면서 자신이 실제로 해 보거나 겪어보면서 얻은 지식과 함께 변할 수 있다.

이에 정책결정자의 합리성은 자신의 판단을 토대로 최선이라고 생각하는 대안을 선택했을 때 실현되는 주관적 합리성에 불과하다고 볼 수 있다. 합리모형이 합리적 선택에 바탕을 둔 경제인간Economic Man을 상정한다면, 만족모형은 이에 대응하여 관리인/행정인Administrative Man을 제안한다.

정책결정자는 문제를 인식하는 단계에서부터 합리성에 제약을 받는다. 때로는 자신의 주관적 가치에 의해 이성적으로 제약을 받으며 선별적 인식7)의 한계를 갖고, 모든 목표를 동시에 달성하기보다는 일부만을 고려하고 목표를 간소화하려 한다. 정책대안을 탐색하는 과정에서도 모든 방안을 동시에 탐색하기보다 주어진 조건에서 가용한 소수의 대안만을 무작위적이고 순차적으로 탐색한다. 나아가 조직의 전략과 행동방침을 결정하는 경우에 조직의 단기적인 환류에 의존하여 설정하는 경향이 있다.

이렇듯 만족모형은 이상형으로서의 합리모형이 갖는 비현실성을 극복하기 위해 보다 현실적으로 적합한 모형을 제시하여 실제 정책결정의 행태를 경험적으로 접근한다는 데 의의가 있다. 다만 개인적 차원의 정서적, 심리적 측면을 강조하기 때문에 정책결정 모형으로서의 타당성에 몇 가지 한계가 있다.

우선 만족수준이라는 것이 매우 주관적이기 때문에 객관적인 수준으로 일반화시키기 어렵다. 게다가 대안을 탐색하고 선택하는 데 있어서도

---

7) 선별적 인식(selective perception)이란 정책결정자가 전달되는 정보를 선별적으로 인식한다는 것이다. 예를 들어, 정책결정자는 자신이 믿고 싶은 정보만을 사실로 수용하는 반면 믿고 싶지 않은 정보는 무시하는 경향이 있다(Sunstein, 2011).

개인의 주관적인 의사결정에 치우쳐 이를 정책결정에 적용하는 것이 적합한가라는 의문을 갖게 한다. 특히, 정책결정이 만족하는 수준에서 결정된다면 자칫 보수적인 결정을 내리기 쉽기 때문에 개혁 및 혁신과 같은 변화를 가져오기 어렵다. 다시 말해, 정책결정과정에서 모든 정보와 대안을 빈틈없이 고려할 수는 없을지라도, 자칫 과거부터 해오던 익숙한 방식을 거쳐서 이 정도면 됐다는good enough 수준에서 마무리되기 쉽다는 것이다.

3. 점증모형

C. Lindblom린드블럼(1959)과 A. Wildavsky 월다브스키(1964)는 합리모형의 비현실성을 극복하고 정책의 실현가능성을 중시하면서 결정과정을 설명하고자 점증모형Incremental Model을 제안하였다. 이들은 만족모형이 주장한 제한적 합리성과 정책결정의 정치적 속성으로 인해 절대적인 합리성의 가정은 현실과 너무 동떨어졌다고 지적한다. 반대로 정책결정은 최적대안에 대한 분석 범위가 크게 제약받기 때문에 대안선택의 과정이 부분적으로 서서히incrementally 진행된다는 것이다.

현실적으로 정책결정에서 선택되는 대안들은 기존의 정책을 첫 대안으로 삼고 이를 토대로 점진적으로 개선하는 방식으로 발전해 간다. 이러한 과정을 통해 매몰비용을 최소화시킬 수 있으며 정치적 저항을 최소화하여 정책의 수용성을 제고시킬 수 있기 때문에 실현가능성이 높아진다.

점증모형에 따르면, 정책의 목표나 가치를 선택하는 것과 목표달성을 위한 구체적인 행동을 구분하기는 쉽지 않다. 흔히 목표는 대안의 선택 과정을 통해 명확해지는 경향이 있기 때문에 합리모형에서 상정하는 것처럼 목표와 수단을 명확하게 구별하기는 쉽지 않고 오히려 지속적으로 조정되고 다시 밝혀지는 과정을 통해 규정된다.

나아가 점증주의자들은 인간 능력의 한계로 인해 선택할 수 있는 대안의 범위가 제한적이며 대안들의 탐색이 동시적으로 이루어지는 것이 아니라 점진적인 변동과정을 통해 탐색되며, 특정 문제에 대한 단일한 해결책은 없다고 주장한다. 따라서 정책은 목적/목표를 성취하는 것이 아니라 현재의 사회문제에 대한 개선에 중점을 두는 경향이 있다고 강조한다.

하지만 바로 이러한 주장 때문에 점증모형은 지나치게 현재의 상황status quo을 중시하고 오직 작은 변화만에 의존하게 되어, 새로운 것이나 달라지는 것에 저항하고 기존의 것을 유지하려는 반혁신적 논리라는 비판을 받는다. 특히 현대사회와 같이 변화의 속도가 빠른 환경에서는 정부의 점증적 정책결정은 치명적인 약점이 될 수 있다.

더불어 현재의 정책을 기준으로 소폭 변화만을 대안으로 고려하여 정책을 결정하기 때문에 만일 출발점(기존 정책) 자체가 성숙되어 있지 않거나 올바른 방향으로 설정되어 있지 않고 왜곡된 경우 이를 토대로 개선시킨 대안을 적용하는 것은 근본적인 문제를 내포할 수밖에 없다. 따라서 점증모형은 개발도상국과 같이 기존의 정책이 전무하거나 혹은 미성숙한 정책을 가진 경우 적용하기 어려운 접근방식이다.

　나아가 점증모형은 인간의 합리성을 지나치게 과소평가한다는 비판을 받는다. 특히, 4차 산업혁명 시대의 도래와 과학기술의 유례없는 발전으로 보다 과학적이고 논리적인 정책결정을 지원할 수 있는 다양한 기법들이 등장하면서 합리모형의 결함이 부분적으로 해소되고 있는 추세이다.

4. 혼합탐사모형

　　　　　　　　A. Etzioni에치오니는 합리모형이 현실과 동떨어진 가정에 바탕을 둔 이상적 모형인 반면, 점증모형은 지나치게 현실적인 모형으로 근시안적이고 보수적인 정책결정을 정당화시키는 경향이 있다고 비판한다. 그가 제시한 혼합탐사모형Mixed Scanning Model은 합리모형과 점증모형의 단점을 극복하고 둘의 장점을 혼합절충한 일종의 전략적 통합모형이라고 할 수 있다(Etzioni, 1967).

　에치오니는 정책결정의 내용을 기본 결정과 세부/부분 결정 두 단계로 나누고 이를 혼합하여 사용할 것을 제안한다. 기본 결정은 정책에 대한 기본방향을 설정하기 위해 대안들을 포괄적으로 고려하여 중요 대안을 총체적으로 검토한다. 반면, 세부 결정은 기본 결정의 맥락 안에서 핵심적인 소수의 대안에 초점을 맞추고 점증적으로 심도 있고 세밀하게 분석한다.

　예를 들어, 의사가 환자의 병을 진단하고 치료하는 과정을 생각해보

자. 의사가 환자의 병을 진단diagnosis하는 경우 처음부터 정밀하게 접근하지 않는다. 일단은 주요 증상을 기초로 전반적인 치료 방향을 결정하고, 1차 처방을 통해 일정 기간 경과를 지켜본 뒤 이를 바탕으로 세부적인 진단과 치료 과정을 거친다. 정책결정 과정도 이와 비슷하게 이루어진다는 것이다.

혼합탐사모형은 의사결정을 모두 동일한 수준으로 취급하지 않고 기본 결정과 세부 결정으로 구분하여 의사결정의 상호관계를 규명한다는 장점이 있다. 합리모형과 점증모형을 절충하여 합리모형의 지나치게 엄밀하고 이상적인 면을 지양하고 점증모형의 보수성을 탈피하고자 했다. 반면, 이 모형은 합리모형과 점증모형을 '화학적으로' 혼합하여 탄생한 새로운 이론이라기보다 단지 '물리적으로' 절충한 수준에 불과하며 특별히 새로운 것을 추가하지 못했다는 비판을 받는다.[8] 또한 기본 결정과 세부 결정을 구분할 수 있는 뚜렷한 기준을 찾기 어렵다는 문제가 지적된다.

5. 최적모형

최적모형Optimal Model은 점증모형이 정책결정의 현실성을 강조한 나머지 너무 보수적이고 소극적인 수준에서 머문 점과 합리모형의 전지전능한 인간의 가정과 비현실성 문제를 동시에 극복하려는 이론으로 제안되었다. 특히, 정책대안을 정책결정을 위

---

8) Etzioni(1989)는 이후 모형을 발전시켜 Humble Decision Making 모형을 제시한다.

한 전략과 체제 개선에서 찾고자 하였다(Dror, 1968, 1971).

이 모형은 체제이론System Theory적 관점에서 정책결정 자체보다는 좋은 정책을 산출하기 위한 정책결정 체제의 성과를 최적화optimization할 수 있는 합리적인 운영방법에 초점을 두고 있다. 여기서 최적화란 정책의 산출이 투입보다 큰 상태로 경제적 합리성(능률성)을 중시한 개념이다. 다만, 정책결정 체제를 개선하기 위한 투입도 합리성에 포함시킴으로써 질적인 면을 포괄하고, 정책결정 능력의 향상을 위해 평가, 환류 등을 강조하는 모형이다.

정책결정을 둘러싼 조건이나 상황은 대부분 불확실하고 희소한 자원을 비롯한 제약조건이 따른다. 때문에 Y. Dror드로어는 이 같은 환경에서 최선의 정책결정이 되기 위해서는 경제적 합리성과 함께 '초합리적 요인 Extra-Rational Factors'을 고려해야 한다고 주장한다. 정책결정의 결과는 정책의 질적 측면이 강조되어야 하며, 질적인 최적화를 달성하기 위해서는 결정자의 통찰력과 직관적, 창의적 판단 등의 요인들이 중요하다는 것이다.

최적모형은 정책결정을 어떻게 해야 할 것인지에 대한 결정 또는 정책결정에 대한 정책결정이라고 할 수 있는 메타정책결정/초정책결정 Meta-Policy Making과 환류작용을 중요시하기 때문에 일종의 규범적, 처방적 모형으로 볼 수 있다(강근복 외, 2016). 또한 이 모형은 정책결정의 여러 측면 가운데 중첩적이고 가외적인 특징이 정책결정의 오류를 방지하고 최적 수준의 결정을 보장한다고 주장한다.9)

---

9) 가외성(redundancy)이란 오류를 방지하고 체제의 신뢰성과 적응성을 향상시키는 일종의 '필요에 의한 중복'을 의미한다(백완기, 2007: 166-168). 어떤 면에서 행정/정책에서의

하지만 최적모형은 몇 가지 비판을 받는다. 대표적으로 정책결정에서 초합리적 요소를 추가하여 합리모형을 보완하고 정책의 질적인 측면을 강조했지만, 초합리성과 합리성과의 관계 설정이 모호하다는 지적이다. 다음으로 초합리성의 성격과 이를 구체적으로 달성하기 위한 구체적인 기준과 방법이 명확하지 않다. 초합리성에 대한 규정이 명확하지 않을 경우 정책결정자에 따라 의미가 얼마든지 자의적으로 해석되고 정당화될 수 있다는 문제가 발생한다. 마지막으로 정책결정의 사회적 과정에 대한 깊은 고려가 부족하다는 비판을 받는다.

6. 기업모형

R. Cyert사이어트와 J. March마치는 개인차원의 의사결정에 초점을 둔 만족모형을 바탕으로 집단차원의 조직모형으로 발전시켜 기업의 정책결정과정을 규명하고자 기업행동론 A Behavioral Theory of the Firm을 제시한다(Cyert & March, 1963).[10] 이는 기업 내의 의사결정을 이해하기 위해 경제학의 기업이론과 조직론을 결합하여 기업의 행동을 설명하려는 일종의 행동과학적 접근이라고 볼 수 있다.

그들은 기업이라는 조직을 합리모형을 바탕으로 한 경제학의 좁은 시각에서 벗어나 조직의 구조와 목표의 변화, 기대형성, 욕구수준, 불확

가외성은 다소 능률성을 희생하더라도 효과성을 확보한다는 의미로도 해석할 수 있다.
10) 국내에서는 기업모형을 회사모형이라고 부르기도 한다. 하지만 필자는 원문을 기초로 했을 때 기업모형으로 번역하는 것이 적절하다고 생각한다.

실성 회피, 조직학습 등 조직론에서 다루는 다양한 측면에서 파악하고자
했다.

경제학의 기업이론Theory of the Firm에서는 기업을 경제인과 동일한
것으로 간주하고 시장에 관한 완전한 정보를 갖고 이윤극대화를 추구한
다고 가정한다. 하지만 현실세계에서 기업의 의사결정과 행동은 이렇게
단순하게 바라볼 수 없다. 기업은 시장에 대한 정보와 지식을 완벽하게
소화하고 예측할 수 없을 뿐만 아니라, 개인이 아니라 여러 구성원으로
이루어진 조직체organization이다. 따라서 기업의 결정과 행동을 올바르게
이해하기 위해서는 경제학의 기업이론 뿐만 아니라 조직에 대한 이론이
필요하다.[11]

기업모형에 따르면 기업은 이윤극대화뿐만 아니라 다양한 목표를 가
지고 있으며, 계층적 구조를 가진 단일한 유기체 조직이 아니라 여러 하
위조직들로 구성된 복합 연합체coalition이다. 따라서 하위조직들 간의 갈
등과 충돌은 불가피하며, 결국 기업의 결정은 절충과 타협을 통해 여러
목표들을 부분적으로 해결하는 준해결Quasi-Resolution 수준에 그칠 수밖
에 없다.

나아가 기업조직은 문제를 능동적이고 적극적으로 탐색하기보다는
문제가 실제로 발생하는 경우에만 대안을 탐색하고 해결책을 찾으려 한
다. 일종의 사후적ex post facto 접근인 셈이다. 기업모형에 따르면 조직은
근원적으로 미래의 불확실성에 대응하기보다 회피하려는 성향이 강하기
때문에 장기적인 전략보다는 환경변화에 따른 단기적인 계획과 환류를

---

11) 동시에 조직/집단을 다루는 전통적인 조직론에서 구성원들의 경제적 인센티브 등 경제학
   적 관점을 간과하는 것도 사실이다.

중시한다. 또한 과거의 경험을 통해 문제해결 방법을 학습하고 조직과 관련된 다른 행위자의 반응을 표준화하려 한다.

기업모형은 개인의 학습이 중요하듯 조직학습 역시 중요하다고 강조한다. 관리자는 학습된 행동규칙과 표준운영절차를 통해 구성원들이 업무를 일관성 있게 수행할 수 있도록 하는 동시에 구성원들을 조정·통제하는 수단으로 활용하고자 한다.

표준운영절차Standard Operating Procedures, SOP란 효율적인 업무관리를 목적으로 조직이 과거의 경험과 학습을 바탕으로 업무를 수행하고 추진하는 데 필요한 표준화된 절차나 규칙을 말한다(이종수 외, 2009). SOP는 조직 내 복잡하게 얽혀있는 동질적이고 일상적인 업무를 효율적이고 일관성 있게 처리하기 위해 관련 활동들을 운용하는 수단으로 활용된다.

물론 SOP가 조직 업무의 일관성과 능률성을 제고하기 위한 방법이지만 자칫 조직을 지나치게 형식화할 수 있다는 약점이 있다. 특히, 정책이 새로운 것을 반대하고 기존의 것을 유지하려는 성향이 강하면 조직이 쉽게 침체된다. 또한 집행과정에서 개별적인 형편이나 사정을 고려하지 않고 동일한 기준이 적용되어 현장의 특수성이 무시될 수 있다. 정책환경에 대한 담당자의 세심한 검토가 수반되지 않으면 정책이 실패하게 된다.

기본적으로 시장을 전제로 발전된 기업모형은 공공부문의 조직에 적용하는 데 어느 정도 한계가 있다. 시장에서 기업은 이윤극대화나 시장점유율 확대라는 뚜렷한 목표가 있고 성과를 평가할 수 있는 반면, 공공부문의 조직은 상대적으로 그렇지 못하다. 특히, 경제사회적 상황이 불

안정한 개발도상국의 공공부문에는 적용하기 쉽지 않다. 게다가 기업모형은 민주적 성격의 수평적 조직관에 바탕을 두고 있기 때문에 권위주의적이고 중앙 집중적 조직의 의사결정에 적용하기 어렵다는 한계가 있다.

7. 정책창 모형

J. Kingdon킹던은 정책결정은 의도되고 계획된 합리성에 바탕을 두고 이루어지는 것이 아니라, 예상치 못한 우연적 요인들에 의해 결정된다고 주장한다. 그는 어떤 사안들이 정책의 제가 되거나 탈락하는지, 정책문제가 어떻게 규정되고 대안들이 어떻게 개발되는지, 그리고 이 과정에서 정치적 사건들은 어떻게 작용하는지에 대한 의제설정 과정을 체계적으로 탐구하여 정책창 모형Policy Window Model을 제안한다(Kingdon, 1984).

정책창 모형은 쓰레기통 모형[12])에 기반을 두고 정책결정 과정을 1) 문제 흐름, 2) 정책 흐름, 3) 정치 흐름의 세 가지 다중흐름multiple streams이 있다고 본다. 킹던에 따르면, 세 흐름은 서로 독립적으로 진행되다가 어떤 계기로 기회의 창window of opportunity이 열리게 되면 하나로 모여 정책의제가 된다. 여기서 특수한 계기란 대형사건사고의 발생, 외교 및 국방정책 등의 대외적인 정책변화, 여론 변화, 정권교체 등 국내적 요인

---

12) 쓰레기통 모형(Garbage Can Model)은 정책결정이 일정한 규칙에 따라 이루어지는 것이 아니라 문제, 해결책, 선택 기회, 참여자의 네 요인(흐름)이 마치 쓰레기통과 같이 서로 어지럽게 움직이다가 어떤 계기로 합쳐질 때 이루어진다고 보는 모형이다(Cohen et al. 1972). 비합리적인 정책결정모형으로 합리모형과 대척점에 있다고 볼 수 있다.

들이 있으며 세 가지 흐름의 어디에서도 일어날 수 있다.[13]

이 모형에서는 어떤 사안이 정책의제가 되도록 적극적인 노력을 기울이는 정책혁신가policy entrepreneur의 역할이 중요하다. 원래 'entrepreneur'는 위험을 감수하면서 혁신적인 아이디어를 통해 시장의 변화에 적응하고 이를 기회로 실현하는 기업가를 뜻한다. J. Schumpeter 슘페터(1942)는 기술혁신을 새로운 상품개발과 생산방법으로 규정하고 혁신을 통해 창조적 파괴creative destruction를 주도하는 이를 기업가라고 하였다. 따라서 정책혁신가란 정책이 결정되는 정치시장에서 기업가 역할을 하는 사람이라고 볼 수 있다.

8. 비결정/고의의제누락

앞서 모든 사회문제가 정부개입이 요구되는 정부의제가 되는 것은 아니라고 했다. 정부가 관심을 갖고 적극적으로 개입하려는 의제가 되려면 먼저 사회문제가 쟁점화되고 공공의제가 되는 과정을 거쳐야 한다.

무의사결정론(비결정론)은 도대체 어떤 이유에서 일부 문제들은 정부의제가 되고 나머지는 의제설정 과정에서 탈락하는지에 대한 질문에서 출발한다. 이에 대해 바흐라흐Bachrach와 바라츠Baratz(1963)는 특정 사안이 사회문제로 인식되고 공공의 관심을 받는 과정에서 그를 주도하는 집단의 영향을 받는다는 데 주목한다.

---

13) 이에 대한 대표적인 적용 사례연구는 'The Kingdon Policy Window Model and Its Application to the New York Public Smoking Ban'을 참조하기 바란다.

그들에 따르면, 정책과정에서 의제에 상정되는 문제의 내용과 범위를 지배 엘리트 집단인 소수의 정치권력이나 기득권 세력의 이해관계나 가치에 일치하는 사회문제로 한정시키고, 자신들에게 유리한 쟁점만을 의제화한다. 반면 그들의 이해관계에 불리하거나 문제의 소지가 있는 사안에 대해서는 정부의제로 채택되지 못하도록 억압/방해하는 비결정non-decision을 유도한다.

이런 현상은 정책과정 전반에서 발생할 수 있다. 예를 들어 집행단계에서 사용할 수 있는 정책수단의 제약을 통해 문제해결 능력을 원천적으로 무력화시킬 수도 있다. 이와 같은 신엘리트론적 관점을 비결정/무의사결정Non-Decision Making이라고 한다(Bachrach & Baratz, 1963).[14] 결국 정책결정의 목적이 정책을 통한 문제해결인 데 반해, 무의사결정은 정책결정 과정에 문제해결을 위한 논의 대상이 될 수 있는 문제나 의제를 의도적이고 적극적으로deliberately 배제시키는 행위이다. 한마디로 '고의의제누락'이라고 볼 수 있다.

비결정의 구체적인 방법으로는 문제와 사실에 대한 은폐와 왜곡에서부터 권력을 통한 억압과 폭력, 사회적 편견 동원[15] 이 있다. 대중매체를 장악하여 특정 사회문제가 이슈화되지 못하도록 통제하거나, 권력으로 반대세력이 아예 문제를 제기하지 못하도록 위협하고 물리적 폭력을

---

14) 엘리트 이론(Elite Theory)이란, 정책은 사회의 지배 엘리트의 가치와 선호를 반영하며 정책결정과정에서 소수의 엘리트가 주도적인 위치를 차지한다고 보는 이론이다. 엘리트 이론의 하나로 R. Dahl 등이 주창한 신엘리트론은 정책결정에 참여한 소수의 엘리트 집단의 영향력과 그들 사이의 갈등과 타협의 과정을 통해 엘리트의 다원성과 대중의 간접적 영향력을 설명하고자 한다(이종수 외, 2009).
15) 편견 동원(Mobilization of Bias)에 관한 보다 자세한 내용은 Schatschneider(1960)를 참고하기 바란다.

행사하거나 그들을 포섭할 수도 있다. 그리고 사회적 편견을 동원하여 사람들의 시각과 의식을 일정한 방향으로 이끌어 사회문제로 인식하지 못하도록 의제설정 과정에서 제외시킬 수 있다. 의회에서 벌어지는 필리버스터filibuster 역시 의사결정 자체를 못하도록 하는 비결정의 방법에 해당한다.

참고문헌

- 강근복 외. (2016). 정책학. 대영문화사.
- 김영평. (1991). 불확실성과 정책의 정당성. 고려대학교출판부.
- 김형수. (2013). '창의적 문화콘텐츠관광' 기반조성을 위한 정책공동체 모형: 성남시 사례를 중심으로. 디지털융복합연구. 11(11). 한국디지털정책학회.
- 백완기. (2007). 행정학. 박영사.
- 오석홍·김영평. (2000). 정책학의 주요이론. 법문사.
- 이종수 외. (2009). 행정학사전. 대영문화사.

- Anderson, J. (1997). *Public Policymaking: An Introduction 3rd Ed.* Houghton Mifflin Company.
- Anderson, J. (2014). *Public Policymaking: An Introduction 8^{tb} Ed.* Wadworth.
- Bachrach, P & Baratz, M. (1963). Decisions and Nondecisions: An Analytical Framework. American Political Science Review, 57(3).
- Cobb, R. & Elder, C. (1972). *Participation in American Politics: The Dynamics of Agenda Building.* Allyn and Bacon, Inc.
- Cohen, M., March, J. & Olsen J. (1972). A Garbage Can Model of Organizational Choice. *Administrative Science Quarterly*, 17(1).
- Cyert, R. & March, J. (1963). *A Behavioral Theory of the Firm.* Prentice–Hall.
- Dawson, R. & Robinson, J. (1963). Inter–Party Competition, Economic

Variables, and Welfare Policies in the American States. *The Journal of Politics*, 25(2).

• Dewey, J. (2014). 공공성과 그 문제들 (정창호·이유선, 역). 한국문화사. (원서출판 1927).

• Diesing, P. (1962). *Reason in society: five types of decisions and their social conditions*. University of Illinois Press.

• Dror, Y. (1968). *Public Policymaking Reexamined*. Chandler Publishing Company.

• Dror, Y. (1971). Policy Sciences: Developments and Implications. *Analysis of the New York Academy of Sciences*, 184(1).

• Etzioni, A. (1967). Mixed−Scanning: A "Third" Approach to Decision−Making. *Public Administration Review*, 27(5).

• Etzioni, A. (1989). *Humble Decision Making. July−August Issue*. Harvard Business Review.

• Eyestone, R. (1978). From Social Issues to Public Policy. John Wiley and Sons.

• Heclo, H. (1978). Issue Networks and the Executive Establishment. *The New American Political System*. In A. King (ed.). American Enterprise Institute.

• Jordan, G. & Maloney, W. (1997). Accounting for Sub Governments: Explaining the Persistence of Policy Communities. *Administration and Society*, 29(5).

• Kingdon, J. (1984). *Agendas, Alternatives, and Public Policies 2nd Ed*. Longman.

• Lindblom, C. (1959). The science of 'muddling through'. *Public*

Administration Review, 19.

- Lunenburg, F. (2010). The Decision Making Process. *National Forum of Educational Administration and Supervision Journal*, 27(4).

- March, J. & Simon, H. (1958). *Organizations.* Wiley Organizations.

- Rhodes, R. (1990). Policy Networks: A British Perspective. *Journal of Theoretical Politics*, 21(3).

- Schatschneider, E. (1960). *The Semisovereign People: A Realist's View of Democracy in America. Holt.* Rinehart and Winston.

- Schumpeter, J. (1942). *Capitalism, Socialism and Democracy.* Harper & Brothers.

- Sidney, M. (2007). Policy Formulation: Design and Tools. Handbook of Public Policy Analysis. Routledge.

- Simon, H. (1955). A Behavioral Model of Rational Choice. *The Quarterly Journal of Economics*, 69(1).

- Simon, H. (1976). *Administrative Behavior. 3rd Ed.* Free Press.

- Sunstein, C. (2011). 우리는 왜 극단에 끌리는가. (이정인 역). 도서출판 프리뷰. (원서출판 2009).

- Wildavsky, A. (1964). The *Politics of the Budgetary Process.* Little, Brown.

- Wildavsky, A. (1979). *Speaking Truth to Power: The Art and Craft of Policy Analysis.* Little, Brown.

CHAPTER

3

정책분석

"진실은 너무 많은 분석의 대상이 된다."

- Frank Herbert

"명백한 것을 분석하는 데는 매우 특별한 마음이 필요하다."

- Alfred North Whitehead

 프롤로그

세상은 갈수록 빠르게 변하고 복잡해지고 있습니다. 이와 함께 정부와 공공부문에 대한 시민들의 요구와 기대수준도 과거에 비해 높아지고 있습니다. 고 김우중 회장의 저서 제목인 '세계는 넓고 할 일은 많다'라는 말을 '세상은 넓고 정부가 해야 할 일은 많다'라고 할 수 있을 것 같습니다.

하지만 불행하게도 정부 살림은 녹록치 않은 것이 현실입니다. 개인, 가계, 기업과 마찬가지로 정부 또한 부족한 살림으로 해야 할 일이 많다면 무엇을 먼저 해야 할지 우선순위를 정하는 것이 중요합니다. 우선순위와 함께 해야 할 일을 어떻게 효과적이고 능률적으로 도모해야 할지를 궁리하는 일은 더욱더 중요해집니다. 이 장에서 공부하는 정책분석은 정책을 집행하기 전에 제안된 대안들을 체계적으로 연구하여 우선순위를 정하고, 합리적인 정책대안 결정의 기초가 되는 정보를 창출, 해석, 예측하는 다양한 활동을 포함합니다.

저는 앞서 정책은 정치적 산물이며 정책과정은 정치적 영향으로부터 자유롭지 않다고 했습니다. 하지만 정책분석은 정책과정에서 가장 객관적이고 과학적인 접근을 통해 수행되는(또는 수행되어야 하는) 단계입니다. 따라서 정책분석을 수행하는 연구자/연구기관의 '독립성'은 필수조건입니다. 정책분석은 독립성을 바탕으로 수행되어야 연구결과에 대한 신뢰성이 확보되고 정책의 타당성이 제대로 검증됩니다. 정책학을 정책과학policy science이라고 하는 것은 이러한 분석과정을 필수적으로 중요하게 여기기 때문입니다.

제1절 정책분석의 개념

1. 정책분석의 개념

정책분석Policy Analysis은 넓은 의미에서 정책을 결정/채택하기 위한 과정에서뿐만 아니라 집행과 평가의 단계에서도 필요하다는 점에서 정책과정 전반에 걸쳐 이루어진다. 하지만 정책과정에서 정책분석은 주어진 조건에서 최선의 선택을 위한 정책결정 단계에서 수행되는 것이 일반적이다. 정책대안을 선택하는 결정자가 합리적으로 결정을 할 수 있도록 돕기 위한 일종의 사전평가ex ante evaluation라고 볼 수 있다. 반면 정책평가는 정책을 집행하는 과정이나 결과가 나타난 후 정책의 효과/영향을 보는 사후평가ex post evaluation에 해당한다.

그렇다면 정책을 '분석하다'는 말은 정확하게 무슨 의미일까. 분석 analysis의 사전적 뜻은 '얽혀 있거나 복잡한 것을 풀어서 개별적인 요소나 성질로 나눔' 또는 '복잡한 현상이나 대상 또는 개념을 구성하는 단순한 요소로 분해하는 일'이다.[1] 사회과학에서는 분석을 합리적인 의사결정을 위한 정보/지식을 얻기 위해 이성과 증거의 활용을 통해 전개되는 활동으로 정의한다. 즉, 이성과 증거를 바탕으로 어떤 사회현상이나 문제를 이해할 수 있고 적절히 관리할 수 있는 수준의 기본적인 요소로 나누어 살펴보는 것이라고 할 수 있다(Fischer & Miller, 2006).

정책분석에 대해 Dror(1971)는 바람직한 대안을 식별하는 데 필요한

---

1) 국립국어원 표준국어대사전(https://stdict.korean.go.kr/main/main.do)

정보를 산출하는 과정으로 보았고, W. Dunn던(2008)은 정책을 이해하고 개선하는 데 필요한 정보를 창출·활용하고 비판적으로 평가하여 이를 전달하고자 설계하는 것으로 정의하였다. 또한 Quade퀘이드(1975)는 정책결정자들의 판단의 기초를 제고시키는 방법으로, 정보를 산출하고 제공하는 모든 유형의 분석을 정책분석이라고 정의한다. 한편 노화준(2017)은 정책분석을 특정 사실에 대한 정보를 산출하는 데 국한되지 않고 가치와 바람직한 행동노선에 대한 정보를 산출하는 수준까지 확대되어 정책의 가치판단과 정책창도policy advocacy까지 포함하는 것으로 보고 있다.[2]

정리하면, 정책분석이란 바람직한 정책결정(탐색, 개발, 채택)에 필요한 정보를 창출하고 활용하기 위해 이성과 증거를 바탕으로 체계적이고 합리적으로 탐구하는 과정이라고 정의할 수 있다. 정책분석은 기술적 측면과 규범적 측면이 동시에 있으며, 이에 따라 기술적 정책분석과 규범적 정책분석으로 나눈다.

우선 정책분석은 정책의 원인과 결과에 관한 정책의 정당성 또는 함의implication를 제시한다는 면에서 기술적descriptive이다. 기술적 정책분석은 정책결정과 내용 등 '정책에 대한 분석'으로 무엇을, 어떤 이유에서 하며, 그것이 어떤 차이를 가져왔는가를 규명하는 것이다. 정부가 수행하는 정책의 원인과 결과를 기술하고 인과관계를 식별하여 과학적 추론을 통해 신뢰성이 높은 보편적 지식을 탐색하는 활동이라고 할 수 있다.

---

2) 정책창도란 문제 해결을 위한 정부의 정책(혹은 해야 할 일)을 요구, 설득 등을 통해 적극적으로 지지하는 것이다. 이 같은 개념은 정책분석을 적극적이고 능동적인 활동으로 본 것이다.

동시에 정책분석은 그를 통해 실현하려고 하는 일이나 나아가야 할 방향, 정책목적과 그 목적을 이루기 위한 방법/도구나 방책을 선택해야 하는 과정에서 가치판단과 윤리적 판단을 요구한다는 점에서 규범적 normative이다. 규범적 정책분석은 '정책을 위한 분석'으로 분석가의 활동을 포함하여 모니터링 등 평가적evaluative 차원과 의무deontic차원에 대해 체계적으로 사고하는 것을 포함한다. 예를 들어 어떤 정책이나 제도가 좋고 나쁘다거나 혹은 상대적으로 더 좋다는 것은 평가차원이 해당하고, 옳고 그름, 정의와 부당, 요구, 금지 등은 의무차원에 해당한다. 따라서 정책분석에 객관적 방법뿐만 아니라 분석가의 다양한 경험에 따른 직관과 판단력도 동원된다(Quade, 1975; Dye, 1976).

정책분석의 유형은 경험적, 평가적, 규범적 접근방법으로 분류하기도 한다(노화준, 2017). 경험적 접근방법은 사실을 기초로 한 정보의 추구를 통해 정책의 현황, 원인, 효과에 대해 기술하는 데 초점을 둔다. 평가적 접근방법은 무엇이 바람직한가를 탐색하기 위해 정책의 가치를 결정하기 위한 정보에 관심을 갖는다. 마지막으로 규범적 접근방법은 사회문제를 해결하기 위한 정부정책의 행동방침에 대한 행동지향적 정보를 창출하는 데 초점을 둔 분석이다.

2. 정책분석의 접근방법

정책분석의 목적은 문제해결을 위해 필요한 정책의 핵심 논점을 파악하고 보다 합리적인 대안을 탐색하여 정책결정에 필요한 정보를 제공하는 것이다. 전통적으로 정책분석은 가치value와 사실fact을 구별하고 객관적, 과학적, 가치중립적 입장에서 정책대안을 개발하고 설명하고자 한다(이해영, 2016). 따라서 무엇이 바람직하며 옳은 것인가 등의 가치판단은 정책분석에서 가능한 배제하고자 한다.[3] 정책분석이 구체적인 사실과 증거를 기초로 과학적이고 계량적 방법론을 분석기법으로 사용하는 이유가 여기에 있다. 정책분석의 대상은 가능한 모든 정책대안과 관련된 유·무형의 것을 포괄한다.

한편, 정책분석을 당위성, 실현성, 능률성의 관점에서 보기도 한다(강근복, 2016). 정책분석을 구조화하기 위해서는 당위성, 실현성, 능률성 차원의 분석을 통합해야 한다는 점을 지적하면서 정책의 사회적 적합성 relevance은 당위성 → 실현성 → 능률성의 순서로 계층적으로 구조화되는 것이 바람직하다는 입장이다.

3. 정책분석의 한계

정책분석은 정책과정에서 가장 객관적이고 과학적인 접근을 요구하는 단계이기 때문에 적지 않은 제약과 어려움이 따른다. 여기서는 정책분석의 어려움을 크게 정책문제 자체의

---

3) 이런 관점에서 전통적으로 정책분석은 기술적 정책분석에 가깝다.

내재적 제약과 정책분석가가 갖는 한계를 중심으로 논의하고자 한다(허범, 1988).

정책문제가 갖는 첫 번째 제약은 문제의 시시비비에 대한 보편적 판단universal judgement이 어렵다는 것이다. 보편적 기준에 따라 문제의 옳고 그름을 구별하고 판단하기 어렵기 때문에 이를 바라보는 사람의 주관적 판단이 필연적으로 수반되어 결국 정책분석의 객관성을 잃기 쉽다.

둘째, 정책문제는 통상 대부분 관련된 요인들이 서로 복잡하게 얽히고 상호작용한다. 따라서 문제와 관련된 변수들을 모두 고려하여 분석한다는 것은 현실적으로 불가능할 뿐만 아니라 비록 가능하다 해도 그리 바람직하지 않다. 극단적으로 수십 가지 변수를 모두 찾아냈다고 해서 정부가 그에 대한 모든 정책을 강구할 수 없기 때문이다.

셋째, 정책문제를 정의하면서 논의했듯이 한 국가의 정치, 경제 등 상황적 맥락에 따라 정책문제의 본질은 다르게 해석되기 마련이다. 또한 일반적 해석이 이루어진다 할지라도 정책문제는 시간이 지나면서 변하게 된다. 따라서 정책을 둘러싼 모든 맥락과 시간 흐름을 모두 고려하면서 분석한다는 것은 매우 어렵다.

넷째, 정책문제는 본질적으로 가치의 사회적 배분에 관한 문제이고 개인이나 집단 사이에 이해관계나 조건이 다르기 때문에 계층 간 대립을 비롯한 사회적 갈등을 야기할 여지가 늘 존재한다. 나아가 정책문제는 정치적 성격을 갖기 때문에 정치적 이해관계에 따라 문제가 규정되고 대안마련과 해소방안이 도출되어 객관적 타당성을 유지하기 어렵다.

다음으로 정책분석가의 한계 또한 정책분석을 어렵게 하는 중요한 요인이다. 무엇보다도 분석가 능력의 근본적인 한계이다. 모든 인간은 불완전한 존재이며 타고난 재능과 경험, 지식 등의 수준을 벗어나기 어렵다. 정책분석가 역시 자신의 천성적 능력, 가용 자원, 분석에 필요한 자료, 수단 등의 범위에서 분석을 수행할 수밖에 없기 때문에 정책분석은 늘 불완전하다.

마지막으로 이 같은 정책문제 자체와 정책분석가의 내재적 한계와 더불어 정책분석에서 오는 한계를 지적할 수 있다. 우선, 정책을 분석하기 위해서는 정책문제를 개념화해야 한다. 특정 문제에 대한 추상적이고 모호한 내용에 대해 분석에 사용할 변수를 구체적으로 정교하게 정의하는 것이다. 다음으로 개념화한 내용을 현실세계에서 직접 관찰하여 경험적인 자료를 구할 수 있도록 구체적인 절차를 개발하는 조작화하고 계량화하는 단계를 밟는다. 그런데 일부 정책문제는 본질적으로 이 같은 개념화, 조작화, 계량화와 같은 과학적이고 객관적인 분석을 위한 작업을 어렵게 한다.

따라서 정책분석가는 이러한 정책분석의 한계를 분명히 인식하면서 분석에 임해야 한다. 주어진 한계를 인정하고 정책문제에 대한 정확한 관찰과 이해를 기초로 방법론 및 다양한 분석기법에 대한 심도 있는 연구 그리고 이들의 활용성을 충분히 고려하는 자세가 필요하다.

제2절 정책분석의 절차

정책분석을 어떤 차례를 따라 진행할 것인가는 분야와 대상, 접근방법, 분석가의 학문적 배경 등에 따라 다양하다. 이해를 돕기 위해 정책분석의 주요 진행 절차를 정부의 금연정책 사례를 적용하여 설명하고자 한다(김성준, 2006; 노화준, 2010; 이성우, 2012).

일반적으로 정책분석은 분석의 목적과 목표대상, 환경과 여건 등에 부합하기 위해 어떻게 하면 보다 체계적이고 합리적으로 분석할 것인가를 사전에 기획하고, <그림 2>와 같은 순서로 진행된다.

그림 2 • 정책분석의 절차

정책과정이 모든 단계가 그렇듯이 정책분석의 절차 또한 한 방향으로unilateral 진행되는 것이 아니라 지속적으로 피드백을 주면서 순환/반복되는 과정을 거친다. 다만 통상적인 정책분석의 단계는 다음과 같다.

1. 문제 식별과 정의

　　　　　　　　　정책분석의 출발은 정부가 당면하고 있는 정책문제의 배경과 제반 상황을 충분히 파악한 후에 해결해야 하는 문제를 구체적으로 식별하고identification 명확하게 규정하는 것이다. 정책문제는 기본적으로 그를 둘러싼 환경과 상호작용하기 때문에 특정 문제가 어떤 배경과 조건에서 발생하였는가를 식별하는 것은 정책문제를 이해하는 첫 출발점이다. 이 단계에서는 문제 식별에 따른 전략과 수단을 결정하는 데 필요한 자료와 정보를 수집하고 분석한다. 이를 토대로 정부가 해결해야 할 정책문제를 구체적이고 명확하게 정의할수록 정책분석은 더욱 합리적이고 체계적으로 수행될 수 있다.

　　예를 들어, 흡연문제를 생각해보자. 과거 담배는 다른 상품들과 마찬가지로 개인이 선택하는 것이고 흡연의 폐해도 온전히 흡연자 자신이 부담하는 것으로 인식되었다. 그런데 1960년대부터 담배의 중독성 addiction에 대한 의학적 연구결과가 꾸준히 발표되고 흡연을 시작하면 중단하기가 어렵다는 사실이 널리 알려지기 시작한다. 결국 흡연인구가 폭발적으로 늘어나면서 흡연으로 인한 사회적 비용이 급증하기 시작했고 흡연은 더 이상 개인의 문제가 아니라 정부가 개입해야 할 정책문제의 수준으로 발전하였다.

2. 목표설정

정책문제가 식별/정의되고 나면 문제 해결을 위해 목표대상이 선정되고 정책을 통해 달성하고자 하는 목표를 설정한다. 정부가 해결해야 할 정책문제가 분명하게 정의되어야 하듯이 정책목표를 설정하기 위해서는 우선 목표대상에 대한 체계적인 분석이 필요하다.

정책대상은 일반 시민일 수도 있고, 정책의 직접적 수혜자일 수도 있다. 다만 정책대상을 세부적인 목표로 표적화하는 것이 정책의 효과성을 높일 수 있다. 비록 정책대상이 일반 시민으로 설정되더라도 정책을 구체화시키는 과정(예컨대, 집행수준의 사업화 단계)에서는 보다 세분화되는 것이 보편적이다. 목표대상을 세분화segmentation하는 기준은 흔히 연령, 성별, 교육수준, 직업 등의 인구통계학적 기준이나 지역적, 행태적 기준 등의 분류 기준이 적용될 수도 있고, 분석가가 일정한 기준을 새롭게 정할 수 있다.

목표대상이 선정되고 나면 이들의 행태를 변화시키기 위한 목표가 설정된다. 정책목표는 목표대상의 지식, 신념, 행태 변화를 이끌어내는 상위목표와 이를 달성하기 위한 보다 구체적이고 세부적인 하위목표가 수립된다.

예를 들어, 금연정책의 목표대상을 어떻게 선정할 것인가를 생각해 보자. 현재 담배를 피우고 있는 흡연자를 택할 것인가 아니면 미래 담배를 피울 수 있는 잠재적인 흡연자로 정할 것인가를 고려한다. 담배의 속성 때문에 흡연이 일단 시작되면 끊기가 어렵다는 점에서 잠재적 흡연자를 대상으로 삼았다고 하자. 이를 더 세부적으로 나누어 이 가운데 특히 담배를 처음으로 소비하는 청소년이 금연정책의 목표대상이 될 수도 있다. 또는 아직 흡연을 시작하지 않은 청소년층이 목표대상으로 선정되었다면 이에 부합하는 정책목표가 설정되어야 한다.

흡연의 폐해에 대한 정보와 지식 전달 체계를 강화하고, 흡연은 자신만이 아니라 불특정 다수에게도 피해를 준다는 간접흡연의 문제를 부각한다. 그리고 청소년들이 흡연을 시작하지 않도록 담배와 흡연의 부정적 측면을 드러낼 수 있는 정책목표를 세우고 이를 구체화할 수 있는 세부목표를 설정해야 한다.

3. 대안 모색과 개발

목표대상이 선정되고 정책목표가 설정되면 다음 단계에서는 실질적이고 구체적인 대안을 모색하고 개발해야 한다. 정책대안policy alternative이란 주어진 정책목표를 달성하기 위하여 채택할 수 있는 여러 가지 선택 가능한 정책적 조치나 그 조합을 의미한다.4) 정책대안은 정책수단과 유사한 의미로 사용되는데, 엄밀한 의

---

4) 정책학에서 대안으로 해석되는 'alternative'는 보통 옵션(option)과 크게 다르지 않기 때문에 'policy option'이라고도 쓰인다.

미에서 전자는 정책문제를 해결하기 위해 채택 가능한 정책목표와 수단의 개별 조합이라고 할 수 있다(강근복, 2016). 이 단계에서는 기존에 다른 국가들에서 활용되고 있는 대안을 검토하여 국내 실정에 맞게 수정/보완하거나, 또는 처음부터 기존에 없던 새로운 대안을 모색하고 개발할수도 있다.

만약 금연정책의 대상을 청소년층으로 정하고 이들이 흡연을 시작하지 못하도록 하는 것을 목표로 설정했다면, 다음 단계에서는 정책대안을 마련해야 한다. 예를 들어 담배세 인상, 공간 및 광고규제 등 직접적인 수단과 사회마케팅을 활용한 금연 캠페인, 금연교육 등의 간접적인 수단이 대안으로 제시될 수 있다. 대부분의 청소년은 소득이 없기 때문에 가격효과가 상대적으로 큰 담뱃세 인상을 주요 수단으로 하고, 청소년 노출이 쉬운 곳에서의 담배 광고나 판매 금지 혹은 이들을 대상으로 한 금연 캠페인과 교육의 병행을 고려할 수 있다.

4. 대안 비교·평가

정책대안이 결정되면 다음은 개별 대안의 효과를 측정하기 위한 수단을 설계하여 비교·평가하는 단계이다. 구체적인 대안이 제시되면 각 대안이 어떤 효과/결과를 어느 정도 가져올지 예측할 수 있어야 한다.[5] 물론 이때 각 대안이 가져올 긍정적인 효과뿐만 아니라 부정적인 효과도 함께 고려해야 한다. 사실 모든 정책은

---

5) 사회과학에서 예측은 영어로 prediction, forecasting, estimation 등 다양하게 사용된다. 필자 개인적으로는 estimation(추정)이 가장 적합하다고 생각한다.

실제로 집행되기 전까지는 '가설적hypothetical' 성격을 갖는다(신중섭, 1999). 즉, 실제로 집행되어 구현되기 전까지 모든 정책은 문제를 해결하고 원하는 어떤 결과를 가져올 것이라는 추정적, 가정적 기대/예상에 불과하다는 것이다.

냉정한 관점에서 우리는 채택된 정책대안이 실제로 어떤 결과를 초래할지 알 수 없고, 집행 후 나타날 수 있는 결과를 단지 가능한 한 가깝게 추정하고자 최선을 다할 뿐이다. 따라서 구체적인 대안의 효과를 보다 정확하게 예측하기 위한 다양한 방법을 검토하고 선택해야 한다. 검토된 모형을 통해 각 대안이 가져올 결과를 예상하고 나면 사전에 설정된 기준에 기초를 두고 대안을 비교 평가하여 이들 가운데 우선순위를 제안하고 활용방안을 설명한다.

여기서는 대안들을 비교·평가하는데 사용되는 구체적인 기법을 나열하기보다 정책대안들 가운데 우선순위를 결정하기 위한 평가기준 criteria을 살펴보고자 한다. 평가대안을 선정하기 위한 기준으로는 크게 공익성, 소망성, 실현가능성이 있다.

첫째, 공공의 이익을 도모하는 공익성은 행정이 지향하는 가장 중심이 되는 가치로서 명분론적 관점의 규범성과 구체적인 정책의 규정(법)에 대한 실행성으로 나눌 수 있다. 공익을 바라보는 시각은 크게 공익을 이상적 규범으로 보고 공익이 사익을 초월하는 절대적인 선이며 하나의 유기체라고 생각하는 실체론/공익론과, 공익은 사익의 총합으로서 이해관계자 간의 타협의 산물이며 민주적 조정과정을 통해 달성된다고 보는 과정론/사익론으로 구분된다(김행범, 2017). 후자의 경우 조정자이며 촉

매제로서 정부의 역할을 강조한다.

둘째, 각 대안의 내용이 얼마나 바람직한가라는 소망성 기준이다. 소망성은 다시 효과성, 능률성, 공평성, 민주성, 대응성으로 나눌 수 있다. 먼저 효과성은 정책목표의 달성 정도로, 효과적인 대안이란 목표와 수단 사이의 인과관계가 분명한 경우를 의미한다.[6] 능률성이란 투입 대비 산출로서 비용효과성 혹은 경제학의 파레토 효율Pareto Efficiency에 해당한다. 공평성은 정책의 편익과 비용이 누구에게 얼마만큼 귀착되는가를 보는 것이다.[7] 또한 민주성이란 시민들의 요구를 얼마나 반영하였는가를 보는 것이며, 시민들의 요구에 얼마나 정확하고 신속하게 대응하는가를 보는 것이 대응성이다.

셋째, 실현가능성feasibility이란 특정 대안이 정책으로 채택되고 현실적으로 정책내용이 충실히 집행될 가능성을 의미한다. 정책대안의 실현 가능성은 1) 정치적 지원 여부 등의 정치적 요인, 2) 재원과 예산 등 재정적 요인, 3) 집행 조직, 인원 등 행정적 요인, 4) 기존 법률과의 충돌 및 모순, 사회 윤리의 제약 등 법적·윤리적 요인, 5) 기술 수준의 가능성 등 기술적 요인의 기준으로 구분할 수 있다.

예를 들어, 소망성을 기준으로 금연정책을 평가해보자. 소득이 없는 청소년층에게 가격정책으로서의 담뱃세 인상은 담배소비와 흡연율을 낮추는 데 효과적이지만, 담배가격의 인상이 자칫 불법으로 유통되는 저가

---

6) 이런 의미에서 정책의 효과성은 일종의 효용론적 접근방법이라고 할 수 있다.

7) 공평성은 수평적 공평성과 수직적 공평성으로 나눌 수 있는데, 전자는 비슷한 입장에 있는 사람들을 동등하게 대우해야 한다는 의미이며, 후자는 서로 다른 조건의 사람들은 다르게 대우해야 한다는 의미로 사회정의(social justice)나 배분적 정의에 초점을 맞춘 것이다(김정수, 2016).

짝퉁담배에 노출되기 쉽게 만들어 정책효과는 감소되고 건강에 더 큰 폐해를 야기할 수 있기 때문에 금연 캠페인의 지속적인 활용이 장기적으로는 더욱 효과적일 수 있다. 효과성이라는 기준에서 바람직한 정책대안이 다른 기준에서는 그렇지 않을 수 있다는 것이다. 이 모든 절차가 정리되면 최종적으로 분석결과를 제시하는 것으로 정책분석의 기본 과정은 마무리된다.

제3절 **정책분석의 기법**

정책분석에 적용되는 기법analytical technique은 적용분야, 분석 대상, 목적과 용도 등에 따라 매우 다양하기 때문에 행정분야에서 널리 사용되고 있는 분석기법 가운데 대표적인 정량분석기법인 비용편익분석과 정성분석기법으로 정책델파이를 소개한다.

1. 비용편익분석[8]

구체적인 정책과 사업에 대한 의사결정 과정에서 정부의 가장 큰 고민은 예산을 비롯한 가용할 수 있는 자원이 제한적이라는 것이다. 이 같은 제약조건 때문에 정책/사업의 우선순

---

8) 비용편익분석에 대한 내용은 김성준·오정일(2012)을 정리한 것이다.

위를 정하고 대안들 가운데 최선을 선택하는 일은 의사결정자에게 매우 중요하다.

비용편익분석Cost Benefit Analysis은 정책에 소요되는 정부지출의 경제성을 분석하여 한정된 자원을 최대한 효율적으로 사용하기 위한 가장 보편적인 분석기법이다. 비용편익분석의 아이디어가 처음으로 도입된 것은 1936년 미국의 '홍수조절법Flood Control Act'으로 알려져 있고, 이론적으로 정립된 시기는 1950년대에 후생경제학Welfare Economics이 등장하면서부터다.

비용편익분석은 인간은 합리적인 존재로서 기대되는 이익이 손실보다 큰 대안을 선택한다는 합리적 선택의 가정과, 사회는 하나의 독립된 유기체가 아니라 사회구성원 개인들의 합이라는 방법론적 개인주의 가정을 바탕으로 출발한다.9) 이 가정들로부터 사회적 편익social benefit은 개인들의 편익을 합한 것이며, 사회적 비용social cost은 각 개인 손실의 합을 의미하고, 이들 편익과 비용은 사회적으로 바람직한 대안을 선택하는 기준이 된다.

한편 비용편익분석은 분석의 적용시기에 따라 사업이 시작되기 전 단계에서 이루어지는 사전분석ex ante과, 사업이 종료된 후에 이루어지는 사후분석ex post, 그리고 사업 진행 중에 시행되는 중도분석in medias res으로 분류된다. 비용편익분석의 일반적인 진행 절차는 <그림 3>과 같다.

---

9) 합리적 선택(rational choice)과 방법론적 개인주의(methodological individualism)는 고전 정치경제학의 접근방법을 채택한 것이다.

그림 3 · 비용편익분석의 절차

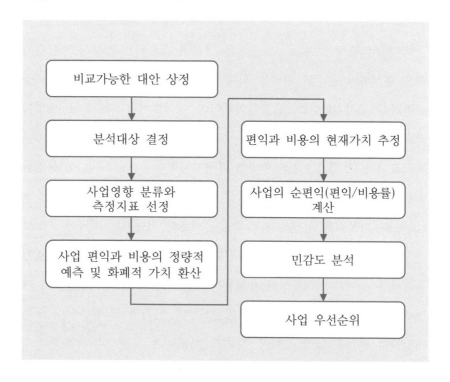

비용편익분석은 비교 가능한 대안을 상정하는 것에서 출발한다. 일
반적으로 비용편익분석은 두 개 이상의 사업 중에서 하나를 선택하거나,
세부 사업의 시행 여부를 결정해야 하는 두 가지 상황에서 수행된다. 예
를 들어, 어떤 종류의 교통시설을 건설할 것인가는 전자에 해당하고, 고
속도로를 건설할 것인가 말 것인가를 결정하는 것은 후자에 해당한다.

다음으로 누구의 비용과 편익을 측정할 것인가(분석의 대상)를 결정한
다. 예를 들면, 국민 전체를 대상으로 할 것인가 혹은 특정 지역민을 대상
으로 할 것인가 등이다. 분석 대상이 결정되면, 다음으로 사업의 긍정적

혹은 부정적 영향을 분류하고 이를 양적으로 측정할 수 있는 지표를 만든다. 특히 소득 증가, 기술 향상, 교육 개선 등과 같은 구체적이고 명확한 영향만을 편익으로 인정해야 한다.

비용과 편익이 분류되고 지표가 선정되면 사업별로 이들의 크기를 예측하고 이를 '화폐적 가치'로 환산해야 한다. 개별 사업으로 초래되는 영향을 합산하기 위해서는 측정 단위가 같아야 하는데, 화폐 monetary unit는 다양한 종류의 비용과 편익을 측정하는 가장 보편적인 측정 단위이다.

화폐적 가치로 환산된 후에 이를 현재가치Present Value로 추정하는 과정이 이루어진다. 일반적으로 정책이나 사업의 비용과 편익은 비교적 장기간에 걸쳐 발생하기 때문에 서로 다른 시점에서 발생한 비용과 편익을 합산하는 문제가 생긴다. 이때 미래에 발생하는 비용과 편익을 적절하게 할인하여discounted 현재가치로 평가해야 한다.

이제 정부 사업의 경제성을 검토하기 위해 순편익 혹은 편익－비용 비율을 활용한다. 순편익net benefit은 편익에서 비용을 뺀 것이며, 편익－비용 비율은 편익을 비용으로 나눈 것이다. 결국 정책분석가는 순편익이나 편익－비용 비율이 가장 큰 사업을 제안한다. 그런데 어떤 가정하에서는 순편익이 크더라도 또 다른 조건하에서는 그 값이 작아질 수 있기 때문에 이러한 불확실성을 반영하기 위해 일부 중요한 가정들에 대해 민감도 분석Sensitivity Analysis을 수행한다. 마지막으로 이 모든 과정을 통해 얻은 정보를 바탕으로 사업의 우선순위를 제안한다.

여기서 유념해야 할 것은 비용편익분석은 단지 자원이 어떻게 배분되어야 하는지를 제시할 뿐, 실제로 자원 배분이 어떻게 이루어지는지를 설명하는 것이 아니라는 것이다. 현실적으로는 비용편익분석을 통해 확인한 경제적 합리성이 '정치적 합리성'과 충돌할 수 있는 여지가 적지 않기 때문이다.[10]

사회과학에 사용되는 대부분의 분석기법들이 그렇듯이 비용편익분석 역시 한계를 가진다. 그것은 바로 비용과 편익의 산정이 어렵다는 것이다. 공공투자 사업의 하나인 도로건설의 경우를 보면, 직접적인 건설비용 외에 주변 자연 및 도시 환경의 오염, 파괴 등의 사회적 비용이 나타날 수 있다. 이 때 발생하는 폐해(비용)는 고소득자일수록 주관적 비용이 커지기 때문에 소득수준이 높은 지역일수록 사회적 비용이 크게 산정되기 쉽다. 반면 소득수준이 낮은 지역에서는 환경오염에 의한 주관적 손실이 상대적으로 적게 나타난다. 따라서 비용편익분석을 적용하여 도로건설 사업의 타당성을 검토하면 소득수준이 낮은 지역에 도로를 건설하게 되어 결국 이 지역의 환경과 생활수준이 더욱 낮아지게 된다. 한마디로 실질적 소득분배가 더욱 불공평하게 이루어지는 결과가 초래될 수 있다는 것이다(Uzawa, 2016).

---

10) 일반적으로 정치적 합리성이란 앞서 Diesing의 합리성 분류에서 보았듯이 다수의 참여를 통한 합의 여부에 대한 것으로, 보다 나은 정책을 추진할 수 있는 정책결정 구조의 합리성을 의미한다. 다만, 소위 정치적 합리성이라는 이름으로 경제적 합리성을 무시하는 경우를 강조하는 것을 목적으로 사용되었다.

2. 정책델파이

정책학에서 흔히 사용하는 대표적인 정성기법인 델파이방법Delphi Method은 1950－60년대 미국 랜드연구소[11]의 Dalkey와 Helmer에 의해 일종의 전문가 합의법으로 개발되었다. 이 방법은 활용할 만한 기초자료나 기존 사례가 부족한 상황에서 미래에 대해 의사결정을 할 때 유용한 기법이다. 해당 분야의 전문가들로부터 고도의 전문적 식견과 학식 등에 근거한 견해를 모으고, 이를 다시 평가하여 미래를 예측하는 전문가의견 조사방법이라고 할 수 있다.

델파이방법은 집단적 의견 교환(토의) 과정에서 초래될 수 있는 왜곡된 의사 전달 등의 문제점을 개선하기 위해 참여자의 익명성, 정보 흐름의 구조화, 규칙적인 반복과 환류, 그리고 이를 통하여 전문가들의 아이디어 창출 및 합의 도출을 통해 문제를 해결하는 것을 특징으로 한다.

외부로부터의 영향력을 차단하기 위해 참여자 간 의견 제시를 서면화하여 익명성을 보장한다. 이후 제시된 의견들을 구성원 모두 공유하도록 정보의 흐름을 구조화하고, 다른 사람들의 의견을 검토하고 다시 자신의 의견을 제시하는 과정을 규칙적으로 반복하고 환류하는 과정을 거친다. 그리고 이를 통하여 전문가들이 아이디어를 창출하고 합의를 도출하도록 유도한다.

이 같은 델파이 기법을 정책문제에 적용한 것이 바로 정책델파이다. 정책델파이Policy Delphi는 새로운 사회적 이슈나 정책 수요를 분석하기 위

---

11) 1948년 정식으로 출범한 RAND corporation은 정책문제의 해결방안을 개발하는 비영리, 초당파 think tank이다. 주요 연구분야는 에너지, 교육, 보건, 사법, 환경, 국제관계, 군사 등이며, 미국 정부와 재단, 기부금 등을 통해 재원을 충당한다(Wikipedia).

한 기존의 자료가 부족한 상황에서 새로운 정책대안을 탐색/개발하고 그 결과를 예측하기 위해 활용되는 방법이다(Landeta, 2006). 구체적인 정책이슈에 대해 특정분야의 전문가 패널을 구성하여 그들의 의견과 주관적 판단을 기초로 향후 발생할 수 있는 정책문제와 추이를 합리적으로 예측하기 위해 설문조사를 활용하는 일종의 집단소통과정group communication process이라고 볼 수 있다(Hsu & Sanford, 2007).

특히 전통적인 델파이기법이 이해관계나 가치판단과 관계없이 동질적 전문가들의 의견 수집을 통해 객관적으로 합의된 의견을 도출하는 것이 목적이라면, 정책델파이는 주요 정책이슈의 해결책에 대해 상반된 의견을 창출하기 위해 조사하는 경우가 많다.

이처럼 정책델파이는 전문가뿐만 아니라 정책관계자의 의견을 중시하고 이들의 정보를 활용하며(정책 관계자의 의견 중시), 대립되는 정책대안이나 결과가 표출된 후 공개적인 토론을 하고(선택적 익명성), 이를 통해 대립되는 의견을 최대한 활용하여 다양한 대안을 제시하고 결과를 예측하고자 하는(의도된 의견대립) 고유의 특징을 가진다.[12] 정책델파이 간략한 절차는 <그림 4>와 같다.

---

12) 반복과 통제된 환류와 함께 선택적 익명성, 식견있는 다수의 확보(전문성과 함께 문제에 관심, 통찰력을 가지는가도 고려), 통계적 반응의 차별화, 갈등의 구조화, 직접 대면의 감소를 정책델파이의 원칙이라고도 한다.

그림 4 • 정책델파이 기본 절차

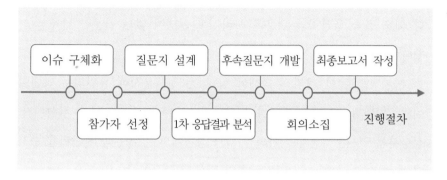

델파이기법은 정책분야에 기여하는 활용성에도 불구하고 몇 가지 한계가 있다. 우선 정량분석에 무게를 두는 이들은 관련 분야에 대한 전문가 선정의 중립성 확보의 문제점을 지적한다. 연구자/분석자가 기대하는 결과에 편향되게 전문가 집단을 선정할 수 있다는 것이다. 나아가 전문가들의 주관적 의견과 판단에 근거하기 때문에 근본적으로 객관적 신뢰성에 대해 의심한다. 하지만 다수의 전문가들이 '합의'한 내용을 담고 있기 때문에 신뢰성 확보에는 크게 문제가 없는 것으로 보인다.

델파이기법의 보다 현실적인 한계는 경우에 따라 참여자들의 합의에 이르는 과정이 어렵다는 것이다. 예를 들어, 보건의료라는 동일 분야에서도 전문가 각자의 의견은 다르기 마련이다. 때문에 자칫 극단적 의견이 대립할 경우 이들 사이의 갈등이 생기고 합의에 도달하는 데 어려움을 겪게 된다.

특히 우리나라의 경우처럼 정책결정에서 정부가 우선인 문화가 강한 경우, 각 분야의 전문 관료들이 실무 경험을 앞세워 학자/연구원들의 연구력과 전문지식을 무시하려는 경향이 적지 않을 때 합의에 도달하는 과정은 더욱 어려워진다. 더욱이 설령 타협과 조정을 통해 합의에 이른다 해도 결국 생산적인 내용은 사라지고 알맹이 없는 결론만 남게 되기 쉽다는 문제가 있다.

마지막으로 한 가지 주목해야 할 점은 정책분석에 동원되는 방법이 이와 같은 합리적이고 체계적인 기법에만 의존하지 않는다는 사실이다. 상당부분 정책분석은 분석가의 지식과 경험에 따른 직관과 판단력을 중시하며, 예술적 측면art과 기예적 측면craft에도 주목한다(Wildavsky, 1979).

참고문헌

- 김성준. (2006). 비규제 대안으로서 사회마케팅의 가능성 탐색. 한국정책과학학회보, 10(3). 한국정책과학학회.
- 김성준·오정일. (2012). 비용편익분석의 이해. 경북대학교 출판부.
- 김정수. (2016). 정책학 입문. 문우사.
- 김행범. (2017).공익 대 사익 논쟁의 핵심 쟁점들. 제도와 경제 11(1). 한국제도경제학회.
- 노화준. (2017). 기획과 결정을 위한 정책분석론. 박영사.
- 신중섭. (1999). 포퍼의 열린 사회와 그 적들. 자유기업센터.
- 이해영. (2016). 정책학신론. 양성원.
- 허범. (1988). 공공정책의 형성과 집행. 대영문화사.

- Dror, Y. (1971). Policy Sciences: Developments and Implications. *Analysis of the New York Academy of Sciences*, 184(1).
- Dunn, W. (2008). *Public Policy Analysis: An Introduction. 2nd Edition.* Pearson Prentice Hall.
- Dye, T. (1976). *Policy Analysis: What Governments Do, Why They Do It, and What Difference It Makes.* University of Alabama Press.
- Fischer, F. & Miller, G. *Handbook of Public Policy Analysis: Theory, Politics, and Methods.* Taylor & Francis, 2006.
- Hsu, C. & Sandford, B. (2007). The Delphi Technique: Making Sense Of Consensus. Practical Assessment. *Research & Evaluation*, 12(10).

• Landeta, J.(2006). Current validity of the Delphi method in social sciences, 73(5). Technological Forecasting and Social Change.

• Quade, E. (1975). *Analysis for Public Decisions.* American Elsevier Publication Co.

• Uzawa, H. (2016). 자동차의 사회적 비용. 임경택(역). 사월의 책.

• Wildavsky, A. (1979). *Speaking Truth to Power: The Art and Craft of Policy Analysis.* Brown.

CHAPTER

4

정책집행

"최종적인 형태로 만들기 전까지 완성이란 없다."
(구슬이 서 말이라도 꿰어야 보배다.)

- *Proverb*

"정책은 집행과정에서 진화한다."

- *저자*

 프롤로그

정책학의 발달과 역사에서 정책형성과 정책집행에 대한 연구는 적지 않게 대조적이라는 점에서 흥미롭습니다. 전자가 세련되고 정교한 이론과 모형에 바탕을 두고 진화했다면, 후자는 경험적 사례연구에서 출발하여 발전하였습니다. 즉, 정책집행에서 다루는 내용의 대부분은 실제 현장에서의 관찰과 경험을 토대로 얻어진 지식이라는 점에서 독특한 의미를 갖습니다.

아무리 좋은 의도로 참여자들의 조정과 합의를 거쳐 민주적이고 합리적으로 만들었다 해도 실제 현장에서 집행되기 전까지 모든 정책은 가설에 불과할 뿐입니다. 구슬이 꿰어져야만 진정한 가치를 실현시킬 수 있듯이 정책은 오직 집행을 통해서만 검증되고 구현됩니다.

정책집행은 정책을 단순히 기계적으로 수행하는 것만이 아닙니다. 정책형성단계에서 결정된 정책은 집행과정을 통해 행정현장의 상황과 맥락에 따라 보다 구체화되고 상당 부분 수정보완되는 게 보편적입니다. 따라서 정책집행은 정책형성과 완전히 독립될 수 없습니다. 이 장에서 우리는 정책집행자와 정책대상의 행태를 비롯하여 집행요인, 집행방식 등 집행과정에 대한 올바른 이해를 통해 성공적인 집행을 위한 방안들을 탐구할 것입니다.

1. 정책집행의 개념

행정을 공익을 실현하기 위한 능동적이고 적극적인 정부의 작용이라고 본다면 정책집행Policy Implementation은 정책과정에서 가장 중요한 위치에 있다. 정책형성이 입법부를 중심으로 한 정치영역이라면 정책집행이야말로 행정부 본연의 영역이기 때문이다. 행정의 중심은 정책집행이고, 공무원은 정책집행자이다.

정부의 모든 정책은 의도한 목적을 달성하기 위해 가용한 수단들을 동원하여 정책을 구체적인 실천에 옮기는 과정을 통해서만 현실에서 구현된다(Pressman & Wildavsky, 1984). 그런데 정책집행은 그 중요성만큼이나 다양하고 복잡한 과정이다. 집행 자체가 맥락적이며 시공간적 상황의 제약과 변동, 집행자의 사익과 공익의 충돌과 조화, 수행과정에서 이해관계자들의 갈등과 조정 등 정책집행은 끊임없이 달라지는 동태적 과정이다.

전통적으로 정책집행은 정치적으로 결정된 정책을 충실히 수행하면 된다는 소극적인 입장에 머물렀다. 이는 기본적으로 정치행정이원론 politics-administration dichotomy 관점과 맥을 같이 한다. 행정학의 시작을 알렸던 W. Wilson윌슨은 정치가 정부의 기본 계획이나 방침을 정하고 정책결정의 기능을 담당한다면, 행정의 본업은 비정치적이고 중립적이며 전문성을 기초로 한 업무와 활동으로 구분하였다(Wilson, 1887).

하지만 현실적으로는 정책이 결정된 후에도 정책목적과 수단 등의 구체적 내용이 집행과정에서 빈번히 수정되고 변경된다. 특히, 정책집행자인 관료의 영향력이 커지면서 정치와 행정의 이분법적 생각은 더 이상 효력을 잃게 되었다(Medeiros & Schmitt, 1999).

정책집행의 중요성은 다음과 같다.

첫째, 정책집행은 정부의 정책목표를 실현하기 위한 의도적인 활동이기 때문에 정책의 성패는 결국 집행의 성공 여부에 달려있다. 정책을 어떤 과정을 통해 어떤 방식으로 집행하는가는 정책의 결과에 결정적인 영향을 미친다.

둘째, 정책형성 단계에서 결정된 정책의 내용은 대부분 포괄적이고 추상적이다. 때문에 정치적 목적을 담고 있는 제도와 대책은 집행과정을 거치면서 사업 계획, 절차 등이 보다 구체화되고 명확해진다. 실제 정책을 집행하는 현장에서는 결정할 당시에는 고려하지 못했던 다양한 변수들이 나타나고 예상하지 못했던 상황이 상시적으로 전개된다. 이때 정책을 집행하는 담당자들은 상황변화에 따른 판단과 행동을 취해야 하는 경우가 흔하다.

셋째, 정책은 집행단계에서 세부적인 사업program/project으로 보다 구체화되어 시민과 정책대상이 정부의 활동과 직접적으로 만나게 된다. 집행단계에서 정책대상에게 정책내용이 전달되고 집행자와 소통하면서 집행의 세부 사안들이 수정될 수 있다.

물론 정책집행 과정에서 적지 않은 제약이 따른다. 그 중에서도 재정적 제약이 가장 크다. 모든 정책은 심리적 부담을 포함하여 정책대상에게 가능한 가장 적은 비용을 부과하는 방식으로 집행되어야 한다. 소요되는 모든 종류의 비용은 집행효과를 극대화하는 데 제약조건이 되기 때문이다. 이와 함께 비록 재정적, 기술적으로 효율적인 방식일지라도 정치적 수용이 낮을 수 있기 때문에 정치적 제약조건도 고려되어야 한다. 정책집행의 제약조건들은 집행 권한을 위임해주는 입법부와 정책내용을 실제로 수행하기 위한 수단을 사용하는 행정기관 모두에게 영향을 미친다. 일반적으로 정부는 법적 통제를 가하고 정책집행 과정에 강제력을 행사하는데 '절약의 원리Principle of Parsimony'를 따른다.

정책집행의 순서와 방법에 대해서는 다양하게 구분하는데, 대표적으로 R. Ripley리플리와 G. Franklin프랭클린은 집행과정을 자원 확보, 해석 및 기획, 조직 구성, 편익과 제약의 전달이라는 네 단계로 구분한다(Ripley & Franklin, 1982). 집행기관은 예산과 인력 등의 자원을 충분히 확보하고, 법률을 바탕으로 구체적인 지침과 규칙을 제정하고, 구체적인 업무와 활동을 담당할 조직을 구성하여 정책대상에게 편익을 제공하거나 통제하는 과정을 밟는다.

2. 정책집행자의 유형

정책을 실제로 수행하는 집행자를 특징적인 요인에 따라 유형화할 수 있다. 그 가운데 R. Nakamura나카무라와 F. Smallwood스몰우드는 목표와 수단을 결정하는 권한에 있어 정책결정자와 집행자의 상대적 관계에 주목하고, 결정자의 권한과 집행자의 재량정도에 따라 다섯 가지 유형으로 분류하였다(Nakamura & Smallwood, 1980).

첫 번째 유형은 집행자의 재량권이 가장 약한 고전적 기술관료형 Classical Technocrat이다. 이는 결정된 정책내용을 충실하게 집행하는 역할을 한다는 정치행정이원론의 접근방식과 결정으로부터 집행의 하향식 관점을 반영한 것이라고 볼 수 있다. 정책목표와 수단을 결정하는 과정에서 집행자인 행정관료의 재량권이 엄격히 제한되며, 관료는 순전히 주어진 목표를 실현시키기 위한 기술적/행정적 수단만을 강구하는 역할을 한다.

둘째, 지시적 위임형Instructed Delegate은 정책결정자가 목표설정과 대략적인 방침을 정하고, 위임된 범위 내에서 정책집행자가 어느 정도의 재량권을 가지고 목표달성에 필요한 집행수단을 결정할 수 있는 권한을 갖는다. 이 유형 역시 정치행정이원론과 하향식 관점에 해당된다.

셋째, 앞의 두 유형과는 달리 집행자가 결정자와 대등한 권한을 갖고 집행과정에서 정책목표와 수단을 협상·조정하는 협상가형Bargainer은 집행자의 참여도가 비교적 높다. 물론 이 경우 협상의 결과는 양자 간의 상대적 권력 배분 등에 따라 달라지지만, 협상가형은 정책결정자의 권위에 쉽게 압도당하지 않고 때로는 불응으로 대처할 수도 있다.

넷째, 일반적으로 정책목표는 추상적이고 일반적인 수준에서 결정된다. 집행자가 결정자로부터 상당 범위의 재량권을 위임받아 목표와 수단을 비롯한 정책내용을 구체화하는 유형을 재량적 실험가형Discretionary Experimenter이라 한다. 이 유형은 정책문제에 대한 세부적인 목표를 수립하고 필요한 수단과 대안을 모색하는 과정에서 관료의 전문성에 의존하는 현실을 반영한 것이다. 정책집행의 관점에서 상향식에 가까워진 구조로 정치행정일원론적 성격이 강하다.

마지막 유형인 관료적 기업가형Bureaucratic Entrepreneur은 제시된·유형들 가운데 집행자가 가장 많은 재량권을 가지고 능동적인 역할을 하는 유형이다. 이 유형은 정책집행자가 정책결정자로부터 집행과정을 포함한 정책과정 전반에 대한 권한을 위임받아 실질적인 결정권을 행사한다. 문자 그대로 집행자인 관료가 기업가와 같이 스스로 창조적/혁신적 마인드를 갖고 기업가정신entrepreneurship을 발휘하여 정책목표와 수단 등을 결정하는 유형이다. 나아가 이제는 집행자가 정책목표에 깊게 관여하여 결정자에게 특정 목표를 채택하도록 권력과 자원을 동원하여 정책결정을 지배할 수 있는 수준에 이른다. 행정이 정책결정의 기능을 수행한다는 정치행정일원론의 관점을 반영한 유형이라고 할 수 있다.

표 4 • 정책집행자의 유형과 특징

유형	특징
고전적 기술관료형	• 정책결정 과정에서 역할이 제한적이며, 순수하게 정책목표를 실현하기 위한 기술적 수단만을 강구함
지시적 위임자형	• 위임된 범위 내에서 어느 정도의 재량권을 갖고 정책목표 달성에 필요한 집행수단을 결정함
협상가형	• 정책결정자와 대등한 권한을 갖고 정책목표와 정책수단에 대해 협상·조정함
재량적 실험가형	• 추상적으로 정해진 정책에 대해 상당한 재량권을 위임받아 정책내용을 구체화함
관료적 기업가형	• 재량권이 가장 많으며 정책과정 전반의 권한을 위임받아 정책목표와 구체적인 수단 등을 결정함

3. 정책집행 연구와 접근방법

1) 정책집행 연구

정책집행에 대한 연구는 크게 전통적인 관점의 고전적 집행론과 현대적 집행론으로 나눌 수 있다. 고전적 집행론은 초기 행정학의 시작을 알린 Wilson 등이 주창한 정치행정이원론에 바탕을 두고 정책집행은 순수한 행정 영역으로서 결정된 정책을 수행하고 관리administration하는 것으로 이해한다. 정책과정을 '정책결정 → 정책집행'이라는 일방적이고 하향식 접근방식으로 바라보는 것이다.[1]

고전적 집행론은 결정된 정책이 행정기관에 의해 기계적, 자동적, 중립적nonpartisan으로 추진되는 것으로 보기 때문에 정책집행의 의미가 상대적으로 미약할 수밖에 없다. 결국 초기 정책학에서 집행에 대한 연구가 주목받지 못한 것은 이 같은 이유에서 기인한다.

이후 정책환경이 급격히 변화하고 사회문제가 복잡·다양해지면서 전문성을 바탕으로 한 정부의 정책적 개입에 대한 요구가 커지기 시작한다. 이를 배경으로 정책과정에서 관료에 의한 집행의 중요성이 보다 강화되기 시작하고 정치행정이원론에 바탕을 둔 고전적 관점이 더 이상 현실성을 잃으면서 현대적 집행론이 등장한다. 정책과정을 정확하게 이해하기 위해서는 정책집행에 대한 면밀한 연구가 필요하다는 공감대가 형성된 것이다.

---

1) 다만, 여기서 주의해야 할 것은 정치행정이원론이 등장한 배경에는 행정의 중립성, 전문성, 그리고 나아가 비정치성을 확보하기 위함이었다는 점이다. 이는 정치가 행정을 지배하던 당시 엽관주의의 문제점으로 인한 행정의 비능률성과 각종 부정부패로부터 행정을 분리해야 할 필요성이 증가하였기 때문이다.

일반적으로 학계에서 정책집행에 대한 본격적인 연구(현대적 집행론)는 J. Pressman프레스만과 A. Wildavsky윌다브스키의 오클랜드 프로젝트 Oakland Project에 대한 연구에서 시작된 것으로 본다(Pressman & Widavsky, 1973, 1984). 이들은 '정책집행Implementation(1973)'에서 정책이 어떤 과정을 통해 어떤 방식으로 집행되었는가를 구체적으로 연구하기 위해 도시 일자리창출을 위한 미 연방정부의 사업성과를 분석하여 실패 요인들을 탐구하였다.

1960년대 캘리포니아 주 Oakland시의 실업률은 전국 평균의 2배 정도 높은 수준이었고, 특히 흑인들의 실업이 매우 심각한 수준이었다. 이에 1966년 미 연방정부는 경제개발처Economic Development Administration의 주도하에 공공사업을 전개하여 일자리 창출과 실업문제를 해결하고자 정책(프로젝트)을 추진하였다. 구체적으로는 공공시설 건설사업에 2,500만 달러를 투입하여 3,000개의 일자리를 창출하는 것을 목표로 하였다. 그러나 3년 후, 이 지역 유력지인 Los Angels Times는 이 프로젝트가 처음 계획과 달리 실제 소요예산이 3백만 달러에 불과하고 이로부터 창출된 일자리의 수는 고작 20개뿐이라는 충격적인 보도를 하였다.2)

프레스만과 윌다브스키는 이 사례를 심도 있게 연구한 결과 1) 지나치게 많은 관련자와 이해관계자가 집행과정에 참여하여 발생한 의사결정의 문제, 2) 주요 직책을 맡고 있는 담당자들의 빈번한 교체로 인한 리더십 문제, 3) 정책수단의 인과관계에 대한 무지로 인한 구체적인 집행수단의 고려 부재, 4) 잘못된 집행기관 선정으로 인한 주무기관과 사

---

2) 정부 역시 이와 유사한 분석 결과(일자리 40여 개)를 내놓았다.

업의 부조화 등을 오클랜드 프로젝트의 실패요인으로 제시하였다.

2) 정책집행의 접근방식

정책집행은 크게 하향식과 상향식 접근방식 그리고 이들을 보완한 통합적 접근방식이 있다.

P. Sabatier사바티어와 D. Mazmanian매즈매니언(1979; 1980) 등이 주창한 하향식top-down 방식은 한마디로 정책결정자 중심의 접근방법이라고 할 수 있다. 정책집행이 성공하기 위해서는 우선적으로 결정자의 리더십과 정책결정체계가 법적으로 구조화되고, 집행자는 결정자에 순응하고 재량권은 최소화되어야 한다. 결국 정책집행은 결정자가 수립한 정책목표와 내용을 실현하기 위한 수단적 행위에 불과하며, 결정자가 집행자를 적절히 통제해야 정책집행이 원활히 수행된다고 본다.

다만 하향식 접근방식에서 정책집행이 성공하기 위해서는 목표가 명확하고, 집행 관료와 정책대상의 순응이 확보되어야 하며, 정치적 안정성이 보장되어야 하는 등의 조건들이 선행되어야 한다.

그렇다면 과연 이러한 전제조건들은 얼마나 현실적일까? 이 접근방식이 갖는 문제점은 바로 여기에서 출발한다. 예를 들어, 현실적으로 구체적이고 명확한 정책목표를 설정하는 것이 쉽지 않다는 것이다. 특히, 시민들의 적극적인 참여와 거버넌스를 강조하고 있는 현대 행정에서는 정책목표에 참여자들의 다양한 이해관계가 반영되어 분명하고 구체적인 목표를 설정하기가 어렵다. 통상 법 형태로 나타나는 정책목표는 대부분 포괄적이고 추상적이기 때문에 결국에는 집행과정에서 집행 관료의 재량적 선택과 해석에 의존하게 된다.

반면 M. Lipsky립스키(1971, 1980)와 R. Elmore엘모어(1979-1980) 등의 연구를 통해 제시된 상향식bottom-up 접근방식은 집행과정에서 발생하는 참여자 간의 상호작용과 현장의 시각을 중시하면서, 정책결정자의 역할보다 현장에서 정책을 집행하는 일선 공무원의 경험, 지식, 전문성의 역할에 주목한다. 정책내용은 이를 추진하는 과정에서 집행자에 의해 구체화되기 때문에 행정관료의 자율성과 재량을 중요하게 생각한다.

상향식 접근방식은 집행과정을 보다 상세하게 기술하기 때문에 집행과정의 인과관계를 분명하게 설명할 수 있으며, 그로부터 나타나는 부수적인 결과를 파악할 수 있는 장점이 있다. 또한, 해결책을 제시하는 데 있어서 현장의 상황, 민간의 역할, 정부개입의 역할 등에 대해 보다 현실적이고 객관적으로 판단할 수 있다. 하지만 현장의 목소리와 일선공무원street-level bureaucrats의 영향력을 지나치게 강조하는 미시적 수준에서 머물러 정책이 추구하는 내용을 입체적으로 보지 못할 수 있다. 나아가 정책결정자와 집행자의 역할 구분을 모호하게 하여 책임소재를 불분명하게 하고, 집행과정에서 정책내용이 왜곡되거나 변질될 가능성이 크다는 단점이 있다.

마지막으로 통합모형들 가운데 Sabatier는 정책하위체계 내 옹호연합들 사이의 갈등과 타협 과정을 강조한 정책옹호연합모형Advocacy Coalition Framework, ACF을 제안한다. 옹호연합이란 일정한 아이디어, 가치, 신념을 공유하면서 정부에 문제를 제안하고 정책결정과정에서 영향력을 행사하기 위한 행위자들의 연합체를 의미한다(Sabatier, 1988). 이 때 정책행위자는 정부, 비정부의 구분 없이 신념체계에 따라 분류하고, 이들이 어떻게 연합을 구성하여 자신의 신념을 정책화시켜 가는지를 분석한다.

한편, 정책하위체계policy subsystem는 정책변화를 이해하기 위한 분석단위로 특정 이슈나 정책문제가 논의된다. 하위체계 안에는 상이한 신념체계를 가진 집단들이 공유하는 여러 개의 정책옹호연합을 형성하고 서로 대립하면서 각자의 신념에 부합하는 정책을 추진하기 위해 경쟁한다.3) 이때 옹호연합들 사이에 갈등이 생기면 정책중개자policy broker가 적극적으로 개입하여 조정/타협하는 역할을 한다. 결국 이러한 과정을 통해 정책이 법의 형태로 결정되면 집행이 이루어지고 이는 다시 정책결정 과정으로 환류된다.

이렇듯 정책연합옹호모형은 정책집행과 관련된 사람들을 분석단위로 설정하고 상향식 접근방식을 기본 바탕으로 하면서도, 사회경제적 조건과 법적수단이 어떤 식으로 이들의 행태에 영향을 주는가를 탐색하는 과정은 하향식 접근방식을 따르는 통합모형이라고 할 수 있다.

---

3) 이처럼 경쟁과정에서 정책변동이 초래되기 때문에 정책옹호연합모형은 집행 과정 자체보다 정책변화에 초점을 두고 있다고 볼 수 있다(Sabatier & Weible, 2007).

1. 정책집행의 변수

정책이 계획대로 집행되는 동안에도 여러 요인들이 상호작용하면서 집행에 직간접적인 영향을 미친다. 그렇다면 어떤 요인들이 정책집행을 성공 또는 실패로 이끌고 갈까? 물론 이러한 변수들은 정책이 경제, 사회, 환경 등 적용되는 분야에 따라 효과/영향을 미치는 방향(긍정적, 부정적)과 크기/정도(중요도)가 달라지기 마련이다. 정책집행에 영향을 주는 변수들은 학문의 성격과 개별 사례에 따라 다양하지만 몇 가지 공통적인 변수들이 있다(유훈, 2007; Hill & Hupe, 2014).

가장 중요한 변수는 역시 정책집행자의 자질이다. 집행을 담당하는 공무원의 기본적인 지식과 역량, 올바른 행정마인드와 함께 해당 정책에 대한 이해도, 집행 의지, 태도 등에 따라 정책집행의 성패가 달려있다.

둘째, 정책목표의 명확성과 정책수단의 효율성이다. 정책목표가 분명할수록 그리고 효율적인 정책수단일수록 집행이 용이해지고 성공적인 결과를 가져올 수 있다.

셋째, 집행에 소요되는 투입자원이다. 여기서 투입자원inputs이란 예산이나 인적자원과 같은 유형 자원뿐만 아니라 정보, 권위 등의 무형 자원들을 포함한다. 양질의 투입자원을 얼마만큼 확보하고 어떻게 관리하느냐에 따라 정책집행의 성패가 결정된다. 나아가 정책대상의 순응을 확보하기 위한 관련정책의 전략과 수단을 갖추어야 한다.

넷째, 집행자가 속한 기관과 조직의 구조가 중요한 변수가 된다. 조직구조는 크게 지위/직책의 상하 관계에 있어서 수직적 위계질서 hierarchy가 강하며, 권위주의적인 하향식 구조와 자유롭고 민주적인 조직문화의 수평적인 상향식 구조로 구분할 수 있다. 전자는 의사결정 구조가 집중적인 반면, 후자는 분산적인 경향이 있다.

다섯째, 집행절차의 성격이 집행의 성패에 중요한 변수이다. 정책이 공정하고 합리적인 절차에 따라 집행되는가, 일방적 혹은 쌍방향적인가, 일률적/획일적으로 진행되는가 아니면 상황에 따라 탄력적인가 등 집행절차의 성격에 따라 정책의 성패가 좌우된다.

여섯째, 정책담당자와 관련된 외부 인사들과의 관계이다. 정책집행자와 결정자와의 관계, 또는 정책수혜자와 비용부담자와의 관계 등이다. 예를 들어, 어떤 정부사업에 대한 정책결정자의 지원과 사업의 수혜자와 비용부담자의 인식과 태도 등이 정책집행에 영향을 줄 수 있다. 특히, 정책집행은 관련 이해관계자들로부터 직·간접적인 영향을 받는데, 해당 정책과 밀접한 이해관계를 갖고 있는 특수이익집단Special Interest Group의 영향력은 정책집행에 중요한 변수가 된다. 규제포획Regulatory Capture이 전형적인 사례라고 할 수 있다. 이 밖에도 시민의 의식수준, 정치경제적 여건, 대중매체와 여론 등이 정책집행에 영향을 미친다. 이렇듯 정책집행은 집행을 담당하는 행정기관과 외부적 요인 간의 관계와 상호작용에 의해서 이루어진다.

2. 정책순응과 불응

비록 정책이 합리적인 과정을 통해 결정되었더라도 행정현장에서 집행담당자와 정책대상이 이를 적극적으로 수용하지 않으면 정책의 효과성을 확보하기 어렵다. 정책학에서는 이를 정책에 대한 순응/불응의 개념으로 이해하며 정책 효과성 확보의 열쇠로 이해한다.

일반적으로 정책순응Policy Compliance은 결정자의 의도나 정책내용의 요구사항에 대해 정책대상이 부합되는 행동을 하는 것을 뜻하지만, 넓은 의미에서는 정책대상뿐만 아니라 집행담당자가 실질적인 정책목표 달성에 부합되는 행동을 하는 것까지 포괄하는 개념이다(Meier & Morgan, 1982). 이와 반대로 정책집행자나 대상이 정책의 요구에 따르지 않는 것을 정책불응Policy Noncompliance이라 한다.

정책순응과 불응이 집행에서 중요한 만큼 이에 영향을 주는 요인들과 순응확보 방안을 강구해야 한다. 앤더슨은 정책순응과 불응에 미치는 요인을 다음과 같이 제시한다(Anderson, 1990). 정책순응의 주요 요인들로는 정부의 권위, 정책대상이 수용할 만한 합당한 근거, 정부와 정책의 합법적 타당성legitimacy, 정책대상의 이해관계self interest, 각종 처벌이나 제재조치, 집행기간 등이 있다.

우선 정책대상이 정책집행자인 정부의 권위authority를 충분히 인정하면 정책순응하기 쉽다. 또한 정책대상이 정부가 추진하는 정책이 합리적 근거가 있다고 인정하고 정책적 개입의 정당성을 수용하는 경우 설령 그 정책이 자신에게 부담으로 작용하더라도 반발하거나 저항할 가능성이 낮아진다.

만일 정책의 규범이나 규준을 따르는 것이 자신이나 소속집단에게 편익을 줄 수 있다면 정책순응을 유도하기 쉽다. 성공적인 집행을 위해서 정부가 사람들의 이해관계를 공공에 활용하는 메커니즘을 강구해야 하는 이유가 여기에 있다.[4] 이와는 반대로 처벌과 제재를 통해서 정책대상이 어쩔 수 없이 정책에 따르도록 할 수도 있다. 다만 이 방법은 적극적 순응이 아닌 소극적 준수의 수준에 머물 수밖에 없는 마지막 보루에 불과하다.

마지막으로 집행기간이 순응에 영향을 주기도 한다. 대체로 집행기간이 길어지면 그만큼 정책대상의 수용도가 높아지는 경향이 있다. 특히, 추진 초기에는 논란이 많고 갈등의 소지가 많은 정책일지라도 시간이 지나면서 점차 안정화되는 경향이 있다. 우리나라 금융실명제의 추진과정을 사례로 보자. 금융실명제란 경제주체가 은행 등 금융기관과 거래를 할 경우 가명 혹은 차명이 아닌 본인의 실명으로 거래해야 하는 제도이다. 국내에서 금융실명제에 대한 논의는 1980년대 초, 소위 '검은 돈'에 의한 정경유착의 폐해를 막고 금융거래의 투명성을 확보하기 위해 본격적으로 시작되었다.[5] 이후 오랜 기간의 논쟁 끝에 1993년 '금융실명거래 및 비밀보장에 관한 긴급명령'에 의해 모든 금융거래에 실명제가 전격적으로 도입되어 지금에 이르고 있다.

---

4) 자세한 내용은 Schultze의 'The Public Use of Private Interest(1977)'를 참고하기 바란다. 그가 주장한 개인의 사익을 공적으로 활용하는 방안을 마련하는 것이야말로 정부정책이 지향해야 할 핵심이라고 할 수 있다.

5) 1982년 소위 '이철희·장영자 사건'이라는 거액의 금융(어음)사기 사건이 금융실명제 도입의 방아쇠가 되었다.

지금 보면 너무나 당연한 일을 법으로까지 제도화했어야만 했는지에 대한 의문이 들겠지만 제도가 도입되기까지 쉽지 않은 역사가 있었다. 당시 금융실명제 도입에 따른 부작용을 우려하는 목소리가 매우 컸으며, 제도가 시행된 후에도 제대로 안착하지 못할 것이라는 비관적인 의견이 상당수 있었다. 그러나 시간이 지나면서 점차 우려와 저항은 사라졌으며 이제는 누구도 이의를 제기하지 않는다.

이제 정부정책에 대한 정책대상의 불응요인들을 살펴보자. 정책불응의 요인들 가운데 하나는 정부가 추진하는 정책이 그 시대의 보편적인 사회적 가치나 규범, 신념과 충돌하기 때문이다. 유교적 이념과 가부장적 권위주의가 강한 사회에서 여성의 사회 진출을 독려하는 정책은 불응을 초래할 수 있다. 한편 특정 정책과 대상의 이해관계나 가치가 충돌하는 경우에 정책에 대한 선택적 불응Selective Disobedience이 발생한다. 예를 들어, 동남권 신공항 건설이라는 국책사업에 대해서는 다수가 공감하면서도 공항이 들어설 구체적인 입지선정에 있어서는 선택적 불응이 나타난다.

정책대상이 자신이 속한 집단 동료들과의 결속이 강한 경우에도 불응이 나타날 수 있다. 예를 들어, 대기업 노조에 가입되어 있는 노동자에게 동일노동에 대한 동일임금의 원칙을 골자로 하는 정부의 '비정규직 차별시정제도'는 달갑지 않을 것이다. 지대추구 성향 또한 불응요인이 된다. 만약 정책에 자발적으로 순응하지 않음으로써 지대rent를 얻을 수 있다면 정책대상은 불응할 가능성이 높다. 특히, 지대추구성향은 집행자의 불응을 초래하는 등 각종 부정부패의 원인이 되기도 한다.

이 같은 요인들뿐만 아니라 정책의 구조적 결함이 정책순응에 걸림돌이 될 수 있다. 통상 정책은 법을 통해 구현되는데 법의 명료성이 결여되어 추진과정에서 정책내용이 왜곡되는 경우가 대표적이다. 이 밖에도 집행자나 대상이 정책에 대한 이해가 부족한 경우, 여러 정책들의 목표나 기준이 서로 충돌이 발생할 경우, 그리고 정책내용이 목표대상에게 똑바로 전달되지 못하는 경우 등이 여기에 해당한다. 특히, 정책을 집행하는 관료들에게 정책불응은 의도적인 조작, 지연, 자의적 해석과 변경, 거짓 순응 등의 결과를 초래할 수 있다.

따라서 정부는 정책순응을 확보하기 위한 정밀한 전략들을 강구해야 한다. 근본적으로는 정책대상과 집행자 모두가 목표 달성에 부합하는 행동변화를 유도하고 이들이 정책의 목적을 공감할 수 있도록 해야 한다. 따라서 정책순응전략은 대상과 집행기관뿐만 아니라 정책목표 등 정책의 내용에 대한 고려를 수반해야 한다(정강정, 2002).

첫째, 목표대상을 아무리 동질집단homogeneous group으로 선정할지라도 개개인의 사회경제적 배경, 정책 이해도, 수용 여건 등에서 차이가 날 수밖에 없다. 이들이 정책의 필요성과 합목적성에 공감하지 못하면 순응 확보가 어렵다. 예를 들어, 공무원의 부정부패를 방지하기 위한 '부정청탁 및 금품 등 수수의 금지에 관한 법률(소위 김영란법)'이 핵심대상인 공무원의 공감을 얻지 못하면서 정책은 무력화되고 말았다.

둘째, 집행기관의 이용가능한 정책수단과 집행역량을 고려해야 한다. 부적절한 정책수단은 정책대상의 저항을 불러오기 쉽다. 또한 정책을 집행하는 데 필요한 관료와 조직의 역량이 부족할 경우 정책대상의 순응을 유도하기 어렵다. 예를 들어 사회규제의 전개 과정에서 기업의 자발적 순응을 끌어낼 수 있는 규제대안을 무시하고 명령지시적 규제수단만 강제할 경우, 집행기관의 감시·감독의 한계로 의도한 규제목표를 달성하기 어렵다.

셋째, 정책의 목표와 수단이 합당하게 설정되어야 한다. 예를 들어, 국민연금제도의 보험료 부과체계, 가입자 간 형평성 문제, 기금운용과 소득재분배 문제 등에 대한 제도적 합리성이 확보되어야만 국민연금제도 가입률이 높아진다(하상근, 2010).

정부는 정책대상의 바람직한 행태 변화에 대해서는 격려하거나 보상하고, 바람직하지 못한 것에 대해 경고 내지 처벌함으로써 정책대상이 선택 가능한 대안을 제한할 수 있다. 정부는 법을 위반하고 정책에 불응하는 이에게 징벌하는 데 급급하지 말고 집행과정에서 순응을 확보하는 데 주력해야 한다. 정책대상의 자발적인 순응을 이끌고 바람직한 정책결과를 낳기 위해서는 설득을 비롯한 다양한 유인기제를 활용하고 장기적으로는 교육을 통한 가치와 신념의 형성·전환을 통해 정책대상의 행태를 변화시키는 데 무게를 두어야 한다.

표 5 • 정책순응과 불응의 주요 요인

정책순응 요인	정책불응 요인
• 정부의 권위 • 합당한 근거 • 정부와 정책의 합법성 • 정책대상의 이해관계 • 처벌과 제재조치 • 집행기간	• 사회적 가치, 규범, 신념과의 충돌 • 소속집단의 강한 멤버십 • 지대추구성향 • 정책의 구조적 결함

정책목표를 달성하기 위한 방법이나 도구를 통칭하여 정책수단이라 한다.[6] 정책대상에 나타나는 효과인 정책성과는 실질적으로 수행하는 정책집행에 좌우되며, 성공적인 집행은 적절한 정책수단의 선택 여부에 달려있다. 그러므로 정책목표를 달성하기 위해서는 최적의 정책수단을 동원하여 정책대상의 자발적인 순응을 유도하는 것이 열쇠이다.

앞서 정책수단을 정책목표를 달성하기 위해 직접적 수단이 되는 실질적 정책수단과 이를 실현시키기 위해 동원되는 설득, 유인, 강압적 수단 등의 도구적 정책수단으로 구분하여 살펴보았다. 또한 정책수단은 정부가 개인과 시장에 직접 개입하는 방식을 취하는지 아니면 시장 메커니즘을 활용하는지, 강압적인 성격의 수단이냐 아니면 정책대상의 자발성에 초점을 둔 비강압적 수단이냐, 혹은 금전적 수단인가 비금전적 수단인가 등의 기준을 통해 다양한 방식으로 분류할 수 있다.[7] 그 가운데 정부가 사용하는 가장 강력하고 보편적인 정책수단이라 할 수 있는 정부규제와 조세를 소개한다.

---

6) 영문으로 정책수단은 policy means, policy tool, policy instrument로 사용된다.
7) 정부의 다양한 정책수단에 대해서는 L. Salamon(2002)을 참고하기 바란다.

1. 정부규제[8]

1) 규제의 개념

정부규제Government Regulation란 정부가 바람직한 경제사회 질서의 구현(공익)을 목적으로 민간에 개입하여 개인과 기업의 자유로운 의사결정과 행위를 제약하는 것이다(최병선, 2006). 우리나라 행정규제기본법은 규제를 '국가나 지방자치단체가 특정한 행정 목적을 실현하기 위하여 국민의 권리를 제한하거나 의무를 부과하는 것으로서 법령 등이나 조례·규칙에 규정되는 사항'으로 규정한다(행정규제기본법, 국무조정실). 따라서 규제정책이란 정부가 규칙(법과 제도)을 제정하고 명령 및 지시 그리고 벌칙을 통해 민간의 행위를 정부가 의도한 방향으로 변화시키는 것이라고 할 수 있다(이혁우, 2021).

결국 정부규제의 본질은 개인의 행위와 권리를 제한하고 의무를 부과하는 것이다. 이처럼 정부는 규제를 사용하여 필요하면 언제나 시민의 자유를 제한하고 경제주체의 활동을 제약/금지할 수 있다. 나아가 규제는 시장경제의 원리에 부합하지 않는다. 시장은 경제주체의 자유로운 의사결정과 자발적인 교환을 통해 스스로 작동하기 때문이다.

그럼에도 불구하고 정부가 규제라는 정책수단을 통해 시민의 삶에 개입하는 데 정당성을 인정받는 이유는 무엇일까?

첫 번째 이유는 공익실현이라는 목적 때문이다. 시장에서 특정 산업이 공급하는 재화나 서비스의 품질이 악화되면서 공익을 침해하기 쉬운 경우가 발생할 수 있다. 예를 들어, 일정한 자격을 갖추지 못한 직업 종

---

8) 정부규제와 규제개혁에 대한 자세한 내용은 한국규제학회(www.ksrs.org)와 규제개혁위원회(www.better.go.kr)를 방문하길 바란다.

사자(의사, 변호사 등)가 시장에서 불량 서비스를 제공하여 소비자에게 피해를 줄 우려가 있는 경우, 정부는 일정 수준 이상의 서비스가 제공될 수 있도록 정부가 정한 자격/면허를 취득한 자만이 시장에 진입할 수 있도록 한다.

둘째, 시장실패를 보완하기 위해이다. 앞서 시장실패에 대한 이론이 정부개입의 중요한 이유/근거를 제공한다고 설명하였다. 재화나 서비스에 대한 정보가 불완전하고, 공공재적 성격이 강하고, 외부효과가 현저하거나, 시장에서 독과점의 불완전 경쟁구조가 발생하는 경우 시장은 자원을 효율적으로 배분하지 못하게 된다. 특히, 공유재common goods로 불리는 자원들은 정부가 규제하지 않을 경우 남용되거나 오용되기 쉽다. 정부가 어업권을 통해 어획량을 일정하게 규제하는 것도 자원을 효율적으로 관리하기 위한 방안이라고 볼 수 있다.

셋째, 앞으로 성장을 기대할 수 있지만 현 상태로는 수준이 낮아 글로벌 시장의 경쟁에서 살아남기 힘든 유치산업infant industry을 일정기간 보호하거나, 기술이나 생산규모에서 다른 산업에 미치는 파급효과가 크고 향후 경제성장의 원동력이 될 수 있는 소위 전략산업의 육성이라는 정책적 목적을 위해서이다.

마지막으로 배분적 형평성을 기하려는 데 있다. 정부는 경쟁을 포함해 시장이 갖는 본연의 한계로부터 초래되는 불평등한 소득분배 상태를 분배정의에 입각하여 시정하기 위해 규제를 사용하기도 한다.

하지만 정부의 규제정책 역시 의도한 목적을 그대로 이루기 어려우며, 여러 가지 의도하지 않은 결과 또는 의도와 정반대의 결과를 가져오기도 한다. 대표적인 예로 독과점을 방지하고 경쟁을 통해 시장을 효율적으로 작동시키려는 규제가 도리어 진입장벽entry barrier으로 작용하여 경쟁을 제한하고 독점문제를 악화시키는 결과를 낳는 경우이다.

또한 어설픈 사전규제는 기업의 기술개발과 혁신을 저해할 수 있기 때문에 불필요한 부담을 초래하고 경제성장의 걸림돌이 된다. 나아가 효율성 관점에서의 문제뿐만 아니라 정부의 보호/육성을 지원받는 업체 및 산업과 그렇지 못한 이들 사이의 형평성을 저해할 수 있다는 점을 고려해야 한다.

2) 규제의 유형

정부규제는 규제의 대상을 기준으로 크게 개인과 기업의 경제활동을 규제하는 경제규제와 사회활동을 규제하는 사회규제로 나눌 수 있다.

경제규제Economic Regulation는 경제주체 본연의 활동에 대한 규제로, 생산량과 품질수준, 가격 등을 스스로 결정하고 행동하는 기업의 본질적 속성과 관련된 것을 규제하는 것이다. 정부가 경제주체를 대상으로 규제정책을 시행하는 목적은 크게 소비자보호와 생산자보호로 나눌 수 있다. 소비자보호는 독과점 시장구조에서 소비자의 이익을 확보하기 위하여 소비자와 독과점 기업 간의 공평한 관계를 실현시키고, 지나친 독점지대의 추구와 부당한 가격차별을 막는 등의 활동을 포함한다. 반면, 생산자를 보호하기 위한 경제규제는 개발도상국에서 흔한 산업육성과 경쟁력확보를 위한 자국기업의 보호, 대기업과 하청기업 등의 불공정한 관계를 시정하기 위한 규제 등이 해당된다. 대표적인 경제규제로는 각종 인허가와 관련된 진입규제, 가격규제, 품질규제, 독과점과 불공정거래에 대한 규제가 있다.

이와는 달리 사회규제Social Regulation는 개인이나 기업의 사회적 활동으로부터 초래되는 부정적인 사회적 영향을 최소화하고 사회구성원의 삶의 질을 향상시키기 위한 규제이다. 기업 자체에 국한되지 않고 사회적 문제를 야기하는 기업의 의사결정과 활동에 대한 규제라고 할 수 있다.[9]

사회규제는 국민의 삶의 질을 일정 수준 이상으로 유지하기 위한 정부의 조치뿐만 아니라 인간의 기본 권리의 신장, 경제적 약자의 보호와 사회적 형평성 확보 등을 목적으로 한다. 대표적으로 환경규제, 산업안전 및 보건규제, 소비자안전 및 보호규제, 각종 사회적 차별에 대한 규제 등이 여기에 해당한다.

표 6 · 규제 유형

구분	규제 유형
경제규제	• 진입규제 • 가격규제 • 독과점 및 불공정거래에 대한 규제
사회규제	• 환경규제 • 산업안전 및 보건규제 • 소비자안전 및 보호규제 • 사회적 차별에 대한 규제

자료: 최병선, 2006.

---

9) 최병선은 이를 기업의 사회적 행동(social conduct)이라 부르고, 사회규제를 기업의 사회적 행동에 대한 규제로 정의한다(최병선, 2006: 39).

시민을 대상으로 정부가 규제하는 것만큼이나 규제개혁 역시 정부가 수행해야 할 중요한 정책이다.[10) 규제개혁Regulatory Reform은 한마디로 규제의 합리화이다. 정부는 경쟁, 혁신, 성장을 저해하는 각종 불합리한 규제들을 정비하고 규제의 품질수준을 제고하기 위해 규제관리시스템Regulatory Management System을 운영한다. 특히, 신설·강화되는 규제에 대한 사전심사를 강화하고 규제를 체계적으로 통제·관리하여 행정의 투명성과 신뢰를 제고시킴으로써 국가경쟁력을 강화하고 시민의 삶의 질을 향상시키고자 한다.

규제개혁의 세계적인 추세를 보면, 경제규제는 완화 내지는 폐지시키는 경향을 보이는 반면 사회규제에 대해서는 '합리성을 전제로' 그 필요성을 인정하는 추세이다(OECD, 1997; OECD, 2005; WTO, 1998). 이는 개인과 기업의 경제활동에 대한 고유의 결정과 행동에 정부가 개입하지 말아야 한다는 생각이 보편화되고, 경제규제가 급격한 기술진보와 환경변화에 적응하지 못하고 걸림돌이 된다는 주장이 힘을 얻고 있기 때문이다. 한편, 사회규제는 경제활동이 복잡해지고 확대됨에 따라 중요성이 더욱 커질 전망이다. 단, 엄격한 환경기준을 설정하는 것이 공해를 줄이는 새로운 기술의 개발 경쟁으로 이어질 수 있듯이 경제규제와 사회규제의 경계선이 명확하게 그어지는 것은 아니다.

우리나라는 1998년 대통령직속 기관인 규제개혁위원회Regulatory Reform Committee를 신설하여 정부의 규제정책을 심의하고 조정하는 등

---

10) 과거에는 주로 규제완화(deregulation)라는 용어가 사용되어 규제개혁이라고 하면 일방적으로 규제를 완화하고 철폐하는 것으로 생각했으나, 이제는 규제의 합리화를 통해 규제품질의 제고를 목적으로 하는 규제개혁이라는 용어가 정착되고 있다.

규제개혁을 추진하고 있다. 규제개혁위원회는 규제정책의 기본방향과 규제제도 연구, 규제의 신설 및 강화 등에 대한 심사, 기존 규제의 심사, 규제정비종합계획의 수립과 시행, 규제개선에 관한 의견 수렴 및 처리, 각급 행정기관의 규제 개선 실태에 대한 점검 및 평가 등의 기능을 수행한다. 하지만 이러한 설립취지에도 불구하고 이를 제대로 운영하기 위한 예산과 행정인력이 턱없이 부족하고 규제개혁위원들의 전문성에 대한 의문이 생기는 등 위원회의 제 역할을 수행하고 있지 못하다는 평가를 받고 있다(김종석, 2020).

2. 조세

1) 조세의 개념

정부가 세금을 부과하고 거두는 조세정책과 제도는 국가 경제체제의 기본 틀이다. 정부가 정책을 수립하고 이를 집행하기 위해서는 반드시 재원을 조달하기 위한 예산이 뒷받침되어야 한다. 조세taxation는 정부가 지출에 필요한 경비public expenditure를 충당하기 위해 국민에게 강제로 부과/징수할 수 있는 가장 강압적인 정책수단이다. 원론적으로 세금은 정부가 제공하는 공공재와 행정서비스에 대한 대가이지만, 시민은 반대 급부가 없더라도 의무적으로 세금을 납부해야 하기 때문이다.

조세는 이렇듯 정부의 경비지출을 충당하기 위한 기능뿐만 아니라 어떤 행동을 장려하거나 반대로 제재하기 위해 사용되기도 한다. 예를 들어, 에너지 절감을 위한 기업의 노력을 장려하기 위해 조세 감면의 혜택을 주거나, 담배나 술 소비를 줄이기 위한 제제의 일환으로 부과하는 '죄악세sin tax'로서 세금인상을 단행하기도 한다.

나아가 조세는 규제의 대안으로도 사용된다. 예를 들어, 환경오염을 방지하고 폐기물을 줄이기 위해 정부가 공해유발업체에 오염처리시설의 설치를 요구하거나 기준규제를 적용하는 방식을 택할 수도 있지만, 공해 배출부담금 등 일종의 환경세를 부과할 수도 있다.

이렇듯 정부 활동을 안정적으로 유지하고 사회의 안정화에 기여하기 위한 과세의 규준이자, 조세정책과 제도의 기초가 되는 규범 혹은 준칙을 '조세 원칙Principles of Taxation'이라 한다.

고전 정치경제학자인 A. Smith스미스는 공평성, 명확성(확실성), 편의성, 경비절약이라는 네 가지 원칙을 제시하였다. 첫째, 공평성의 원칙이란 세금은 국민의 지불능력에 따라 수입에 비례하여 부과되어야 한다는 것이다. 둘째, 명확성/확실성의 원칙은 세금부과에 있어서 정부의 자의성을 배제해야 한다는 것으로, 납세자가 납부해야 하는 납부시기, 방법, 금액을 사전에 정확히 알아야/정해야 한다. 셋째, 편의성의 원칙이란 세금납부의 시기와 방법이 납세자의 편의에 부합해야 한다는 것이다. 넷째, 경비 절약원칙이란 세금징수가 가능한 경제적이어야 한다는 것이다. 세금징수에 필요한 비용이 최소화되도록 해야 하며, 필요 이상의 조세징수 관리조직을 만들어서는 안 된다.

한편, 재정이론 발전의 공헌자인 미국의 재정학자 R. Musgrave머스그레이브(1959)는 스미스의 바람직한 조세제도를 바탕으로 다섯 가지 원칙을 제시하였다. 첫째 가장 중요한 원칙으로 조세부담의 배분이 공평해야 한다. 즉, 조세부담의 배분을 시민들에게 어떻게 공평하게 하느냐가 관건이라는 것이다. 최광(2008)은 세금에 대한 납세자의 불만은 조세부담이 크기 때문이 아니라 불공평하기 때문이라고 지적하면서, "국민이 배가 고파서 힘들어 하는 것이 아니고 배가 아파서 힘들어 한다"고 꼬집고 있다. 둘째, 조세는 시장경제에 대한 간섭이 최소가 되도록 선택해야 한다. 형평성 추구를 명분으로 민간부문에 대한 의사결정을 지나치게 왜곡해서는 안 된다. 다만, 조세가 비효율을 시정하는 유효한 수단일 때는 예외적으로 활용될 수도 있다. 셋째, 조세구조는 경제의 안정과 성장을 이룩하기 위한 재정정책을 용이하게 실행할 수 있는 것이어야 한다. 넷째, 조세제도는 세무행정이 능률적이고, 자의성이 없이 집행될 수 있도록 해야 하며, 납세자가 이해하기 쉽도록 간단·명료해야 한다. 다섯째, 행정비용 및 납세자의 협력비용은 기타의 목적과 일치하는 한 가능한 최소화해야 한다.

2) 조세의 분류[11]

조세를 분류하는 방법은 과세 주체, 세율 및 기준, 과세 방법 등에 따라 다양하다. 여기서는 국세와 지방세, 직접세와 간접세, 종량세와 종가세, 누진세와 역진세에 대한 핵심내용만 간단하게 소개하기로 한다.

우선 과세 주체가 중앙정부인가, 지방자치단체인가에 따라 전자를 국세, 후자를 지방세라 한다. 현재 우리나라 조세체계는 14개 세목의 국

---

11) 조세의 분류에 대한 자세한 내용은 이만우·주병기(2015) 등 재정학 교과서를 참조하기 바란다.

세와 11개 세목의 지방세로 구성되어 있다.[12) 국세는 국가의 재정수입을 위하여 중앙정부가 부과 및 징수하고, 지방세는 지자체의 재정수입을 위한 조세로서 주로 지자체가 관할하는 지역사회의 복지를 증진시키기 위한 목적에서 징수되는 것이 보통이다. 대표적인 국세로는 관세를 포함하여 소득세와 법인세, 상속세 및 증여세 등의 소득세와 부가가치세, 개별소비세, 영업세, 통행세, 주세, 전기가스세 등의 소비세, 그리고 상속세, 증여세, 인지세 등 자산세가 있다. 반면 지방세에는 소득세로서 농지세, 주민세와 자동차세, 도축세, 면허세, 등록세 등 소비세, 그리고 재산세, 취득세, 도시계획세, 공동시설세 등 자산세가 있다.

한편, 납세의무자와 조세부담자의 관계에 따라 직접세와 간접세로 구분할 수 있다. 직접세direct tax는 납세자와 조세부담자가 일치하여 조세의 부담이 전가되지 않는 조세이고, 간접세는 양자가 일치하지 않아 조세의 부담이 타인에게 전가되는 조세이다. 국세 가운데 소득세, 법인세, 등록세 등과 지방세 가운데 주민세, 취득세, 자동차세 등이 직접세에 속한다. 일반적으로 직접세의 비중이 커질수록 근로 및 저축 의욕이 감소되고 조세저항이 커지는 경향이 있다.

또한 조세는 과세표준을 물품의 가격을 기준으로 하는 종가세와 물품의 수량(개수, 길이, 용적, 면적, 중량 등)을 기초로 하는 종량세로도 나눌 수 있다. 종가세ad valorem는 과세표준이 금액(세율)으로 표시되고 과세물건을 화폐단위로 측정하는 것이며, 종량세specific/unit tax는 과세물건을 화폐 이외의 단위로 측정하는 것으로 볼 수 있다. 종가세는 인플레이

---

12) 최광(2008)은 세목 수가 많으면 제도가 복잡해지고, 납세자가 이해하기 어려워지면 납세 및 징세비용이 높아지기 때문에 세목을 10개 내외로 축소해야 한다고 주장한다.

션 상황에서 재정 수입을 증가하게 하거나 공평과세를 행한다는 장점이 있으나, 세액의 산정이 곤란하여 인력과 자원이 많이 소요된다는 단점이 있다. 반면, 종량세는 세액의 산정이 쉬워 행정의 능률을 높일 수 있고 과세물건의 평가에 따르는 탈세의 기회를 줄일 수 있다는 장점이 있으나, 과세의 공평성이 결여되기 쉽고 재정수입의 확보가 어렵다는 단점이 있다.

이제 과세물건의 수량이나 금액에 따라 상대적 부담을 배분하는 방법인 누진세와 역진세에 대해 알아보자. 누진세progressive tax란 과세물건의 수량이나 화폐액이 증가함에 따라 점차 높은 세율이 적용되는 조세이다. 예를 들어 개인의 소득액이 커질수록 보다 높은 (소득)세율을 적용하는 것이다. 역사적으로 2차 세계대전 이후 대부분의 나라에서 경제력 격차와 소득 불평등이 사회적 문제로 대두되면서 소득 재분배가 중요한 정책문제로 등장하였다. 이를 해소하기 위해 고소득자에게는 높은 세금을 부과하고 저소득자에게는 상대적으로 낮은 세금을 부과하는 누진세(누진제)가 효과적인 정책수단으로 활용되었다.

반면, 역진세regressive tax는 과세물건의 수량 또는 금액이 증가하면서 세율이 낮아지는 조세이다. 현실적으로 역진세는 거의 존재하지 않는다. 역진세는 조세 그 자체라기보다 누진세에 대립하는 개념으로서의 의미가 강하다. 특정 조세가 소득과 조세부담액의 관계에서 볼 때 역진적인 관계가 있는지 그 성격을 확인하는 것이 중요하다. 예를 들어, 생활필수품에 간접세/소비세를 부과하면 소득이 많은 사람이나 적은 사람이나 똑같은 세액을 부담하게 되어 조세부담률은 저소득자일수록 높아지므로, 간접세는 역진세적 성격을 가지게 된다.

표 7 · 조세 구분기준과 사례

구분기준	분류	사례
과세주체	국세	◆ 관세, 법인세, 상속세, 부가가치세, 증여세, 개별소비세, 전기가스세, 영업세, 통행세, 주세, 인지세 등
	지방세	◆ 농지세, 주민세, 자동차세, 면허세, 등록세, 재산세, 취득세, 도시계획세, 공동시설세 등
납세의무자와 조세부담자 간 관계	직접세	◆ 소득세, 법인세, 등록세, 주민세, 취득세, 자동차세 등
	간접세	◆ 부가가치세, 개별소비세, 주세, 인지세, 증권거래세 등
과세표준 기준	종가세	◆ 대부분의 세금, 소득세 등
	종량세	◆ 담배소비세 등
상대적 부담의 배분	누진세	◆ 소득세 등
	역진세	◆ 소비세 등
조세부과의 목적	목적세	◆ 교육세, 도시계획세, 농어촌특별세, 교통·에너지·환경세 등
	보통세	◆ 소득세, 법인세, 종합부동산세, 상속세, 증여세, 부가가치세, 주세, 개별소비세, 인지세, 증권거래세, 취득세, 면허세, 레저세 등

이 밖에도 조세를 부과하는 목적에 따라 특수한 목적에 사용하기 위해 한정되어 있는 조세를 목적세earmarked tax라 하고, 일반적인 지출에 충당하기 위한 조세를 보통세/일반세ordinary tax라 한다. 우리나라의 경우 교육세와 도시계획세, 공동시설세가 목적세에 해당한다.

참고문헌

- 김종석. (2020). 규제개혁 30년: 평가와 과제. 규제연구, 29(2). 한국규제학회.

- 이만우·주병기. (2015). 재정학. 율곡.

- 이혁우. (2021). 규제관리론. 윤성사.

- 정강정. (2002). 행정규제정책의 순응확보를 위한 전략적 모형개발에 관한 연구. 정부학연구, 8(2). 고려대학교 정부학연구소.

- 정정길 외. (2004). 정책학 원론. 대명출판사.

- 최광. (2008). 국가번영을 위한 근본적 세제개혁 방안. 한국경제연구원.

- 최병선. (2006). 정부규제론. 법문사.

- 하상근. (2010). 정책대상집단의 불응요인에 관한 종단연구 – 국민연금 지역가입(대상)자를 중심으로. 한국정책과학학회보, 14(2). 한국정책과학학회.

- Anderson, J. (1990). *Public Policymaking: An Introduction*. Houghton Mifflin.

- Elmore, R. (1979 – 1980). Backward Mapping: Implementation Research and Policy Decisions. *Political Science Quarterly*, 94(4).

- Hill, M. & Hupe, P. (2014). *Implementing Public Policy: An Introduction to the Study of Operational Governance*. Sage Publication.

- Lipsky, M. (1971). Street Level Bureaucracy and the Analysis of Urban Reform. *Urban Affairs Quarterly*, 6.

- Lipsky, M. (1980). *Street – Level Bureaucracy: Dilemmas of the Individual in Public Service*. Russell Sage Foundation.

• Medeiros, J. & Schmitt, D. (1999). 관료제-가치와 전망- (백완기·전영평 역.), 박영사. (원서출판 1977).

• Meier, K. and Morgan, D. (1982). Citizen Compliance With Public Policy: the National Maximum Speed Law. *Political Research Quarterly*, 35(2).

• Musgrave, R. (1959). *The Theory of Public Finance: A Study in Public Economy.* McGraw-Hill.

• Nakamura, R. & Smallwood, F. (1980). *The Politics of Policy Implementation.* St. Martins Press.

• OECD. (1997). *The OECD Report on Regulatory Reform Synthesis.* OECD.

• OECD. (2005). *OECD Guiding Principles for Regulatory Quality and Performance.* OECD.

• Pressman, J. & Wildavsky, A. (1973). *Implementation. 1st ed.* University of California Press.

• Pressman, J. & Wildavsky, A. (1984). *Implementation. 3rd ed.* University of California Press.

• Ripley, R. & Franklin, G. (1982). *Policy implementation and bureaucracy.* Dorsey Press.

• Sabatier, P. & Mazmanian, D. (1979). The Conditions of Effective Implementation: A Guide to Accomplishing Policy Objectives. Policy Analysis, 5(4).

• Sabatier, P & Mazmanian, D. (1980). The Implementation of Public Policy: A Framework of Analysis. *Policy Studies Journal*, 8(4).

• Sabatier, P. & Weible, C. (2007). The Advocacy Coalition Framework: Innovations and Clarifications. In P. Sabatier (ed.), *Theories of the Policy Process.* Boulder, Westview Press.

- Salamon, L. (2002). *The Tools of Government*. Oxford University Press.

- Schultze, C. (1977). *The Public Use of Private Interest*. Brookings Institution Press.

- Smith, A. (1776). *An Inquiry into the Nature and Causes of the Wealth of Nations*. W. Strahan and T. Cadell.

- Woodrow W. (1887). The Study of Administration. *Political Science Quarterly*, 2(2). The Academy of Political Science.

- WTO. (1998). *Synthesis Paper on the Relationship of Trade and Competition Policy to Development and Economic Growth*. Working Group on the Interaction between Trade and Competition Policy.

정책평가와 변동

"진정한 천재성은 불확실하고 위험하며 상충되는 정보를 평가하는 능력에 있다.

- *Winston Churchill*

"살아남는 종(種)은 가장 강하거나 지능이 높은 종이 아니라 변화에 제일 잘 적응하는 종이다."

- *Charles Darwin*

 프롤로그

"Evaluation is more of an art than a science."

강단에서 정책학을 가르친 지도 벌써 20년이 다 되어갑니다. 강좌가 열리는 해마다 늘 새롭고 흥미로운 사례가 생기고, 때로는 유난히 중점을 두고 강의하는 주제가 다를 때도 있지만, 정책평가에 대한 강의의 시작은 변함없이 이 문장을 칠판에 쓰고 시작합니다. 대학원 때 어디에선가 보았던 걸 메모했으나 불행하게도 출처를 정확하게 알 수 없습니다. 세상에 좋아져서 구글에서 검색해 보아도 비슷한 표현만 있을 뿐... 그래서 제 나름대로 다음과 같이 해석하고 학생들과 이야기를 나눕니다.

모든 평가의 생명은 (공정성과) 객관성입니다. 누가, 무슨 목적을 가지고 어떤 대상을 상대로 무엇을 평가하든 평가가 객관성을 잃는 순간 그 의미와 정당성이 사라집니다. 따라서 평가는 이성적이고 과학적인 방법론을 바탕으로 최대한 객관성을 유지하고자 노력해야 합니다. 평가가 과학evaluation is a science인 이유가 여기에 있습니다.

하지만 평가가 아무리 과학적이고 객관적이라 하더라도 평가를 운영하는 주체는 사람입니다. 평가에 대한 평가자의 지식과 경험, 창조적 생각 등에 따라 평가가 좌우되기 때문에 평가는 또한 예술입니다evaluation is an art. 평가자는 평가의 구체적인 방법과 수단을 선정하고, 평가를 수행하고, 평가결과를 해석하고 활용하는 전 과정에서 창조적이고 열린 마인드를 가진 아티스트적인 면모를 보여야 합니다.

예술가가 자신의 의도에 맞는 재료와 도구를 선택하듯, 정책평가자도 그렇습니다. 어떤 예술작품도 보는 이에 따라 다르게 해석되고 평가되듯, 정책평가도 그렇습니다.

"Evaluation is more of an art than a science."인 이유가 여기에 있다고 말입니다.

1. 정책평가의 개념

평가라는 말은 학력평가, 자산평가, 신용평가, 기술평가, 품질평가, 기업평가, 환경영향평가, 사업평가, 성과 평가 등 다양한 분야에서 사용되고 있다. 바야흐로 평가의 시대에 살고 있는 셈이다. 일반적으로 평가란 정해진 기준을 통해 평가대상/피평가자의 가치, 의미, 성과 등에 미치는 요인들을 체계적으로 식별, 측정, 판단을 포함한 과정 또는 의사결정이다(강현철, 2008). 영어에서도 평가라는 용어는 appraisal, assessment, estimation, evaluation 등 다양하게 쓰인다. 정책학에서는 정책평가를 policy evaluation으로 쓰는데, 이는 정책평가가 '가치'를 내포하고 있다는 뜻이다(Nagel, 2001).

좁은 의미에서 정책평가는 특정 정책을 집행한 후 그 효과성과 능률성 등을 측정하여 정책의 성패 여부를 판단하는 것이다.[1] 여기서 효과성이란 정책이 의도한 목표를 얼마나 성취했는가라는 목표 달성도이다. 그리고 능률성이란 그 목표를 달성하기 위해 얼마나 비용 효과적(투입 대비 산출)인 방법을 사용했는가를 판단하는 것이다.

이보다 넓은 의미에서 정책평가는 정책대안에 대한 사전 비교·평가 등 좁은 의미의 정책분석을 아우르며, 정책의 성패 여부뿐만 아니라 정책의 내용과 결과 등을 검토하고 그 원인을 규명하여 환류하는 모든

---

[1] 행정 현장에서는 정책에 대한 평가라기보다 이를 보다 구체화하고 세분화한 정부사업(program, project)에 대한 평가가 더 일반적이다. 여기서는 사업도 정책의 일부라는 점에서 정책평가의 범위에서 다루고자 한다.

활동을 포함한다. 다만, 정책학에서는 정책분석을 집행단계 이전에 집행 후의 정책결과를 예상하는prospective 활동으로, 정책평가를 집행 후에 발생한 결과를 판단하는 회고적retrospective 활동으로 이해하는 것이 일반적이다.

정책평가의 대상을 결과에 초점을 두는 경우, 정책의 내용과 집행, 목표 달성 및 직·간접적 효과를 사후적으로 판단한다. 집행 후에 정책이 의도했던 가치와 목표를 얼마나 달성하고 충족시켰느냐 하는 전반적인 성과, 효과, 영향을 측정하고 판단하는 것이다. 이와 달리 투입에서 결과까지의 과정을 정책평가대상에 포함하는 경우도 있다. 예를 들어, 정부의 일자리 창출 사업을 평가할 때 소요된 투입 규모, 사업의 구체적인 내용과 수단, 집행과정 그리고 의도했던 일자리를 얼마나 창출하고 그로 인해 초래된 직·간접적인 효과는 무엇인가를 평가한다.

정책평가는 몇 가지 특징을 가지고 있다(이해영, 2016). 첫째, 정책평가는 정책의 전 과정을 모니터링하고 조정하는 역할을 한다. 정책의 산출, 결과, 영향뿐만 아니라 진행과정이나 상태에 대한 평가(형성평가)를 포괄한다. 따라서 정책목표의 달성도 뿐 아니라 정책의 가치와 이면의 적실성도 평가한다.

둘째, 정책평가는 체계적이고 과학적 활동이다. 평가의 기초가 되는 이론과 방법론을 토대로 일정한 평가기준과 지표를 설정하고 정책 활동과 성과를 측정할 수 있는 측정 단위를 구성하여 공정하고 객관적으로 평가한다.

셋째, 정책평가 역시 정치적 속성을 가진다. 정책 자체가 원천적으로 정치 산물이기 때문에 정책을 평가하는 과정도 정치성을 완전히 배제하기 어렵다. 더구나 아무리 공정하고 객관적인 평가를 한다 해도 결국 최종 판단은 평가자의 주관적 가치에 따른 편견/편향bias으로부터 완전히 자유로울 수 없다. 특히, 정책의 성패가 정권의 성격, 그리고 정부에 대한 유권자와 시민의 지지와 직결된다는 점에서 평가의 정치성은 배제하기 어렵다.

정책평가의 범위는 정책적 개입을 통해 계획된 사회 변화를 위한 정부의 활동으로 국한한다. 우선, 정책의 목적/목표, 평가대상 등을 명확하게 구체화하고, 평가에 필요한 투입, 산출, 기대할 수 있는 결과에 대한 자료와 정보를 수집하고 분석한다. 집행 후 정책의 효과를 판단하기 위해 정량·정성적 방법을 체계적으로 적용하고 평가한다. 이 과정을 통해 특정 정책과 사업이 목표를 얼마나 달성하고 있는가를 판단하고, 이로부터 누가 혜택을 보고 누가 손해 보는지를 식별하며, 정책평가의 결과를 어떻게 피드백할 것인가를 결정한다.

2. 정책평가의 목적

정책평가는 해당 정책/사업이 목표대상과 사회 전반에 미치는 효과(영향)를 조사하고 의도한 목표를 얼마나 달성했는가를 측정하는 것이다. 그렇다면 우리는 정책평가를 통해서 궁극적으로 무엇을 얻고자 할까? 정책을 평가하는 근본적인 목적은 정부업무와 관련된 행태나 목표달성 가능성을 높이려는 의도에서 정책과 관련된 활동의 성과를 향상시키는 것이라고 할 수 있다.

현대 행정에서 정책평가의 중요성은 갈수록 커지고 있다. 그 이유는 첫째, 근본적으로 정책과 사업에 소요되는 비용이 대부분 국민의 세금으로 조달된다는 사실 때문이다. 정책평가를 통해 정부 활동과 정책의 결과에 대해 납세자인 시민에 대한 행정 책무성을 강화하기 위함이다. 여기서 책무성accountability이란 개인이나 기관이 스스로 한 일(성과)에 대해 책임을 지고 입증되거나 도출된 과오를 수정할 수 있는 정도를 의미한다. 따라서 행정의 책무성이란 정부의 정책, 조직/기관이 주어진 자원으로 구체적인 목적을 얼마나 효과적이고 능률적으로 달성했는지를 객관적으로 증명할 책임을 의미한다(이창호, 1991).[2] 정책평가에서 책무성이 중요한 이유는 이를 통해 결과에 대한 객관적, 사회적 책임을 지도록 하기 때문이다. 나아가 이 같은 책무성 확보를 통해 정부신뢰government trust를 구축할 수 있다.

둘째, 정책평가는 정책결정을 합리적으로 개선할 뿐 아니라 투입지향형에서 성과지향형 관리로 전환하기 위해서도 중요하다. 이는 투입지향적 관리가 전통적으로 행정조직 내부의 관점을 취한 것이라면, 성과지향적 전략관리는 행정서비스의 고객이자 납세자인 시민중심 관리로 개선할 수 있기 때문이다.

셋째, 정책평가를 통해 정책성과에 영향을 미치는 요인들을 식별하고 정책과 효과 간의 인과관계를 규명하여 성공과 실패의 원인을 찾으

---

2) 학문 분야마다 개념이 차이가 있어 책무성과 책임성(responsibility)을 구별하기란 쉽지 않다. 여기서는 가장 보편적인 정의로서 사회적 책임을 책무성(accountability)이라 보고자 한다.

려는 목적이다. 평가로부터 얻은 정보와 지식을 바탕으로 향후 문제 재발을 방지하고, 환류과정을 통해 보다 합리적이고 효율적인 정책 관리가 이루어질 수 있다.

넷째, 정책평가를 통해 얻은 정보와 지식은 행정 현실에서뿐만 아니라 정책연구와 학문적 발전에도 기여한다. 정책학은 매우 현실적이고 실용적인 사회과학 분야이다. 따라서 행정현장에서 학습된 평가의 결과와 경험은 정책연구에 새로운 내용과 지식을 제공하여 정책이론의 논리적 설명을 가능하게 하고 예측가능성을 제고시키는 기능을 한다.

3. 정책산출과 정책결과

정책학에서는 정책의 성과를 산출물과 결과물로 구분한다. 둘은 서로 관계가 있음에도 불구하고 항상 동등한equivalent 것은 아니다. 정책을 평가한다는 것은 정책의 산출물과 결과물을 측정하고 평가하는 것이라고 할 수 있다.

정책산출물policy output이란 정책집행으로 달성되는 직접적이고 단기적인 성과로, 목표대상에 대한 정책의 일차적인 성과로 정책의 투입에 대한 산출로 이해할 수 있다. 그리고 투입 대비 산출은 능률성 혹은 생산성을 측정하는 개념으로 사용된다.

예를 들어, 서울시에서 일정 규모의 예산으로 도로가 건설되었다면, 건설된 도로의 길이가 바로 산출이 된다. 이 외에도 조세징수 수익, 일인당 초등학생 교육 지출비, 일인당 지출된 복지수당, 국민연금 가입자/

수혜자 수, 범죄발생/처리건수 등이 정책 산출물에 해당한다. 이렇듯 대부분 산출물은 지출 비용이나 건수, 수량 등 대부분 정량적으로 비교적 쉽게 측정할 수 있는 효과이다.

그런데 문제는 산출물을 통해 정책의 목표를 어느 정도 달성했는가 하는 효과성을 판단할 수 있는가이다. 예를 들어, 저소득층 지원 사업으로 지원비를 늘려서 어느 정도의 수혜자가 증가했다는 것이 빈곤 문제를 해결하고 삶의 질 향상이라는 궁극적인 목표를 달성했다고 판단하기 어렵다는 것이다.

이에 반해, 정책결과물policy outcome은 정책이 산출하는 최종 변화 또는 의도한 목표의 달성 결과를 말한다. 정책결과는 집행 후에 즉각 나타나지 않는 것이 보통이다. 어느 정도 시간이 지난 후에 정책의 결과로 변화(효과)가 나타났을 때 정책결과라고 할 수 있다. 예를 들어, 일정 구간에 도로를 건설한 결과는 정책산출물에 해당하고, 그를 통해 이루고자 한 원활한 교통 상황은 정책결과물에 해당한다. 저소득층 지원 사업을 통해 소득 증대효과가 나타나고 이들이 삶의 질이 향상되었다면, 전자는 산출물이고 후자는 결과물이 된다. 특정 지역의 범죄 발생에 따른 처리율이 향상되어 치안질서 확립에 기여했다면, 전자는 산출물이고 후자는 결과물에 해당한다. 정책결과물과 유사한 개념으로 정책집행이 장기적으로 사회 전반에 직·간접적으로 미친 결과를 정책영향policy impact이라고 한다.

표 8 ● 정책산출, 정책결과, 정책영향

구분	개념과 사례
정책산출	• 정책의 직접적, 단기적인 성과 • 정책의 능률성 • 도로건설 길이, 범죄발생 처리율 등
정책결과	• 정책이 산출한 궁극적인 변화 • 정책의 효과성 • 원활한 교통상황, 치안질서 확립 등
정책영향	• 정책이 사회 전반에 미친 직·간접적인 결과 • 도로건설 확충으로 인한 지역경제 활성화 등

다만, 여기서 간과되어서는 안 될 것이 있다. 그 하나는 정책의 목표가 결과물이라는 점 때문에 산출물의 중요성을 소홀히 해서는 안 된다는 것이다. 결과물은 결국 누적된 단기적인 산출물들의 장기적인 성과라고 볼 수 있기 때문이다. 물론 단기적인 산출물이 누적된다고 해서 꼭 결과물로 나타나는 것은 아니다. 그러나 적어도 시간 개념으로 장기는 단기의 합이라는 점에서, 장기적으로 좋은 결과물을 내기 위해서는 단기적으로 좋은 산출물을 지속적으로 내는 것이 중요하다. 그 이유는 행정 현장에서 산출물에 대한 평가가 평가대상에게 아전인수(我田引水)격으로 해석되는 경우가 종종 있기 때문이다. 단기적인 성과에만 주목한다는 것이 단기적인 성과의 중요성을 희석시켜서는 안 된다.[3]

또 다른 하나는 정책분석과 정책평가 단계 모두 소위 정책의 '의도하

---

3) J. Keynes(1923)의 "In the long run we are all dead."가 떠오른다.

지 않은 결과'에 대해 신중하게 고려해야 한다는 것이다. 의도하지 않은 결과Unintended Consequence란 문자 그대로 의도적인 행동purposeful action으로 발생한 의도하지 않은 결과이다. 이는 좋은 의도의 정책이 꼭 좋은 결과로 이어지지 않거나, 도리어 더 나쁜 결과를 낳는 정책의 역설을 말한다.

예를 들어, 담배는 정상재normal goods이기 때문에 조세 인상을 통해 담배가격이 인상되면 소비는 감소한다(김성준, 2002b). 이는 조세정책을 시행하는 목적이자 정책으로부터 기대되는 효과이다. 그러나 국산담배는 해외로도 수출되는 제품이며 이때 국내에서 부과되는 조세가 면세이기 때문에 훨씬 싼 가격에 공급된다. 결국 이로 인한 시세 차이는 밀매smuggling의 유인이 되어 다시 싼 가격에 국내로 들어와 담배소비감소를 위한 조세정책의 효과를 약화시킬 수 있다.[4] 이처럼 정부는 정책을 추진할 때 의도한 결과뿐만 아니라 그로 인해 발생할 수 있는 의도하지 않은 결과들을 함께 고려해야만 정책효과를 보다 정확하게 예상할 수 있다.

---

4) 2015년 정부의 담뱃세 인상으로 담뱃값이 대폭 오르면서 담배 밀매가 크게 증가하고 있는 것으로 나타났다. 2014년 6건(3억 700만원)이던 밀매 건수가 2015년 24건(26억 1,100만원), 2016년 21건(41억 8,900만원)으로 해마다 증가하고 있다(국민일보, 2016. 9. 2.).

4. 정책평가 유형

정책평가는 대개 평가주체의 소속과 평가대상에 따라 나누어 사용된다. 평가의 주체에 따른 분류는 비교적 간단하다(김명수, 1993). 우선, 평가 주체의 소속에 따라 정책을 집행한 담당자 자신이 평가자가 되면 자체평가라 하고, 집행자가 소속된 부처나 기관의 책임자가 평가담당자가 되면 내부평가, 마지막으로 기관 밖의 제3자에 의해 평가가 시행되면 외부평가라 한다. 예를 들어, 담당업무에 대한 성과평가를 시행한다고 할 때, 업무담당자인 주무관 A 당사자가 자신의 업무에 대한 평가를 하고(자체평가), 그가 속한 부처나 기관의 평가자가 업무를 평가한다(내부평가). 그리고 이와는 별도로 해당 업무에 대한 전문지식을 갖춘 외부의 제3자(교수, 전문가)가 업무를 평가한다(외부평가).

자체평가와 내부평가는 정책에 대한 구체적인 정보와 내용에 대해 업무 담당자와 수행기관이 상대적으로 더 잘 알고 있다는 점과 평가의 결과에 대한 평가대상의 저항을 줄일 수 있다는 점에서 중요하고, 외부평가는 평가의 객관성을 확보한다는 데 의의가 있다.

정책평가에서 가장 보편적으로 사용하는 분류는 무엇을 평가하는가라는 대상에 따라 정책효과를 평가하는 총괄평가와 정책과정을 평가하는 과정평가로 구별된다(Nachmias, 1979; Vedung, 2000).

1) 총괄평가

총괄평가Summative Evaluation는 정책을 집행한 후에 결과에 대한 효과, 효용, 사회적 영향을 총체적/종합적으로 판단하는 평가방법이다.[5] 정책이 처음 의도한 대로 변화를 일으킨 효과의 정도를 측정하는 것이라 할 수 있다. 총괄평가의 목적은 정책이 목표대상에게 어떤 변화(효과)를 가져왔는지 여부와 그 규모/정도, 그리고 변화를 일으킨 원인이 해당 정책에 의한 것인지를 식별하는 것이다. 나아가 나타난 효과가 투입된 비용에 비추어 정당화될 수 있는지를 밝히고, 그로 인한 변화가 문제해결에 적합한 것이었는지를 검토한다. 정책의 결과를 측정하려면 그 효과와 사회적 영향이 순수하게 해당 정책으로 인한 것인지를 식별하는 것이 중요하기 때문에 다른 요인들을 통제하는 것이 중요하다.

예를 들어 보자. 정부는 2016년 말부터 담뱃갑의 경고표시를 기존의 텍스트 중심에서 혐오감을 주는 그림으로 강화하였다. 그리고 이후 담배 소비량이 감소한 원인을 이 같은 경고표시 규제 강화의 결과라고 발표하여 해당 정책이 긍정적인 효과를 가져왔다고 보고했다. 그러나 동일기간 동안 국민소득 등의 경제지표가 악화되었고 이전부터 조세인상 등 담배소비를 줄이기 위한 다양한 정책이 지속적으로 강화되고 있었다. 그렇다면 과연 이 기간 담배소비량의 감소는 '순수하게' 경고표시규제 강화의 효과일까 아니면 소득 자체가 감소함에 따른 효과이거나 조세인상 등 기존의 정책들이 복합적으로 영향을 미친 결과일까. 결국 정책효과를 측정하는 것은 정책의 순수한 효과를 식별하는 것이 핵심이다.

---

5) 총괄평가는 학자들에 따라 결과평가, 영향평가, 산출평가, 성과평가, 효과성평가 등으로 불린다.

2) 과정평가

총괄평가와 달리 과정평가 혹은 형성평가Process/Formative Evaluation는 한마디로 정책이 진행되는 과정에 대한 평가이다, 정책을 집행하는 과정이 과연 정해진 지침과 절차에 따라 합리적으로 적절하게 진행되었는가를 평가한다. 평가대상인 정책/사업이 원래 구상대로 충실하게 집행되었는지 여부 등 집행과정에서 나타난 계획, 절차, 투입자원, 활동 등을 검토한다.

과정평가는 정책의 집행에 따라 계획된 서비스가 질과 양적으로 어느 정도 제공되고 있는가를 측정하는 체계적인 평가 활동이다. 이를 통해 집행과정에서의 문제점을 파악하여 설계와 절차를 개선하고 향후 전략을 수립하는 데 기여하는 것이 과정평가의 목적이다. 대표적인 과정평가 기법은 평가성 사정과 모니터링이다(노화준, 2015).

평가성 사정Evaluability Assessment은 일종의 예비평가[6]로서 정책/사업이 의도하는 결과를 가져오도록 관리할 수 있는 준비가 되어 있는지, 성과를 향상시키는 데 평가가 어떤 기여를 할 수 있는지, 결과지향적 관리를 위해 어떤 변화가 필요한지 등을 판단한다. 이를 위해 정책의 전제조건들의 합리성을 평가하고, 그 활동이 목표달성에 적절하고 기술적으로 가능한지 등을 평가한다. 또한, 평가의 실행 가능성과 영향평가를 실시해야 할지의 여부 등 공식적 영향평가의 유용성을 사전에 검토하기 위해 활용되기도 한다.

이와는 달리 모니터링monitoring은 정책이 처음 기획하고 설계된 대로

---

[6] 예비평가(preliminary evaluation)란 본격적인 정책평가에 앞서 평가의 타당성, 신뢰성, 효과성 등에 따라 평가요소 등을 사전 검토하기 위한 평가이다.

추진·운용되고 있는지, 목표대상에게 제대로 수혜가 전달될 수 있도록 집행되는지를 평가한다. 모니터링은 처음에 예정된 양과 질만큼 제대로 투입이 이루어지고 있는가를 관찰하는 투입 모니터링, 설계된 생산 활동이 이루어지고 있는가를 보는 활동 모니터링, 기대한 결과를 얻을 수 있는가를 보는 결과 모니터링, 그리고 초기 목표(개선효과)가 나타나고 있는가를 보는 성과 모니터링 등 목적에 따라 다양하게 구분된다.

이 밖에도 평가의 활동과 체제를 평가대상으로 하는 메타평가가 있다. 메타평가Meta－Evaluation[7]란 평가의 질과 평가결과의 활용을 제고하기 위한 평가시스템에 대한 평가evaluation of evaluation system라고 할 수 있다(Dror, 1971). 또한 이는 평가의 수준을 관리하기 위해 하나의 대상을 다양한 상황에서 다양한 조건과 방법으로 평가한 결과들을 종합하는 평가라고 할 수 있다(윤수재, 2012).

예를 들어, 개별 평가 활동의 지침이 되고 수행된 평가의 장단점을 판단하기 위해 평가의 효용성, 실행가능성, 윤리성, 기법의 적합성에 대한 정보를 수집하여 제공·활용하는 과정을 평가한다. 또한, 특정 평가에 적용된 이론과 모형, 방법론, 지표 등이 적합한지, 그리고 평가자의 전문성 등을 평가한다. 이는 평가자 이외의 독립기관, 상급기관, 외부기관 등 제3의 기관에 의해 기존의 평가에서 발견했던 사실을 다른 관점에서 재해석하는 것이다.

---

7) 여기서 접두사 'meta－'는 초월의, 이상(以上)의 등의 의미로 이해할 수 있다(예: metaphysics 형이상학).

1. 평가기준

평가는 평가대상의 가치를 결정하는 과정이라는 점에서 모든 평가에는 판단의 기본이 되는 근거와 함께 기준criteria이 있어야 한다. 정책평가의 기준은 평가활동의 정당성을 판단하는 준거를 제공한다. 정책평가에 적용할 수 있는 주요 기준들은 다음과 같다.[8]

정책평가의 가장 기본적인 기준은 효과성이다. 효과성effectiveness이란 목표 달성도, 즉 정책이 의도한 목표를 얼마나 달성했는지를 의미한다. 따라서 효과성의 관점에서는 목표를 달성하기 위한 노력 자체보다 노력의 결과를 중시한다. 다만, 효과성 기준으로는 비용에 대한 고려 없이 기대했던 목표를 달성하면 바람직한 정책결과를 가져온 것으로 평가한다.

다음으로 능률성이 정책평가의 중요한 기준이다. 능률성efficiency이란 투입에 대한 산출의 비율로, 효과성과 달리 비용의 개념이 포함된다. 능률성의 제고를 위해서는 일정한 투입으로 산출을 늘리거나 아니면 같은 산출을 위해 더 적은 양을 투입해야 한다. 행정개혁을 추진하는 대부분의 국가에서 능률성은 필연적으로 고려되어야 할 규범적 가치라고 볼 수 있다. 더 많은 지출을 필요로 하는 정책/사업이 늘어나는 반면, 세입

---

8) 엄격한 의미에서 여기에 소개되고 있는 정책평가의 기준들에 우선순위가 있는 것은 아니다. 다만, 경험적으로 효과성과 능률성 그리고 형평성의 기준이 가장 기본적인 평가기준으로 적용된다.

은 이를 따라가지 못하는 공공부문의 현실에서 능률성은 점점 더 중요해지는 평가기준이라 할 수 있다.

세 번째 평가기준은 형평성이다. 분배의 공정성fairness이라는 의미에서 형평성equity은 두 가지 관점에서 해석할 수 있다. 정책이 사회구성원 간의 부와 권력을 어떻게 분배하고 있는가의 관점과 정책의 수혜(편익)와 부담(비용)이 구성원들 간에 동등하게 배분되었는가를 기준으로 삼는 것이다.

이 밖에도 결과와 관계없이 정책을 수행하기 위해 정부가 얼마나 많은 노력을 기울였는가, 즉 정책에 투자한 양적·질적 투입 노력을 평가기준으로 삼을 수 있다. 또한 목표설정의 수준에 따라 달라지는 상대적 기준으로서 적절성adequacy, 달성된 정책의 결과가 목표대상의 요구, 선호, 가치를 실제로 얼마나 충족시켰는가에 초점을 둔 대응성responsiveness, 그리고 해당 정책에 대한 정책대상의 만족도 등이 정책평가의 기준으로 사용될 수 있다.

2. 평가지표

평가기준을 평가의 목적에 맞게 적절히 선정하여 정책결과와 과정을 합리적으로 평가함으로써 향후 정책의 품질을 높이는 데 유용한 정보와 지식을 얻을 수 있다. 그러나 평가기준 만으로는 실제로 정책을 평가하기가 쉽지 않다. 평가기준 자체가 대부분 개념적·포괄적이며 적용하는 기준들이 다양하기 때문이다. 따라서 보다 현실적으로 적용할 수 있는 수준으로 평가대상을 선정하고 평가요소 등을 구체화시키는 작업이 필요하다.

지표indicator/index란, 특정 대상의 현황을 파악하고 미래를 추정/예측하기 위해 상황 및 조건의 변화에 대한 정보를 제공하는 자료를 말한다. 여기서 대상이란 개인, 조직, 기관, 국가 등 다양한 범위의 대상이 모두 포함된다.

평가지표는 평가하고자 하는 항목item을 조작 가능한 수준으로 구체화하여 정책의 과정과 성과를 측정하는 기본단위이다. 평가지표로는 계량(정량적) 혹은 비계량(정성적) 지표가 모두 사용되는데, 통상 목표대상의 특성을 잘 나타낼 수 있는 계량화된 자료가 기본이 된다. 예를 들어, 인플레이션 지수, 무역지수 등 각종 경제지표들, 행복지수, 기관 및 개인의 성과에 대한 지표 등이 해당한다. 통상 정책지표policy index는 정책의 형성, 분석, 집행, 평가를 위한 경제사회 조건의 변화에 관한 통계 및 측정 자료를 의미하는데, 가능한 지표의 선정과 구성의 고려사항(타당성, 효율성, 활용성)을 만족시키고 추세를 파악할 수 있는 요건을 갖추어야 한다.

정책평가는 정책의 성과(효과)에 대한 측정으로, 이를 제대로 측정하기 위해서는 올바른 평가지표의 선정이 필수다. 평가지표는 적용되는 분야와 목적 등에 따라 매우 다양하지만, 가장 보편적으로 사용되는 평가지표로는 직접지표와 간접지표, 객관적 지표와 주관적 지표가 있다.[9]

직접지표란 문자 그대로 평가대상을 직접 측정하는 척도로서 평가대상이 유형이고 비교적 계량화(정량화)가 용이할 때 사용된다. 반면, 간접

---

9) 이 밖에도 지표의 속성상 일정한 시점에서 발생한 변화를 측정하는 저량(stock)지표와 일정한 기간 동안에 일어난 변화를 측정하는 유량(flow)지표가 있다.

지표는 평가대상이 무형이고 그 속성을 계량화하기 어려운 정성적 특성을 가질 때 사용하며, 그 상태를 가장 잘 나타내는 대표적인 유사치best proxy를 이용하여 측정한다.

예를 들면, 당신의 키가 얼마인지를 알고 싶으면 줄자나 신장계를 이용해 직접 측정하면 된다. 반면, 당신의 애국심이 어느 정도인지를 알고 싶을 때 이를 직접적으로 측정하는 방법을 찾기 어렵다. 애국심은 추상적 개념이라서 이를 정의하기도, 관찰하고 측정하기도 어렵기 때문이다. 이때는 기껏해야 애국심을 가장 잘 나타내는 대표적인 유사치를 찾는 데 만족해야 한다.

또한 우리나라 국민들이 평균적으로 일 년에 소득이 얼마나 되는지 알고 싶다면 한 해 동안 전체 국민이 벌어들인 총소득을 국민의 수로 나눈 일인당 국민소득을 계산하면 된다. 이처럼 대부분 경제적 지표는 계량화하기 쉽다. 그런데 우리나라 국민들이 얼마나 행복한가를 알고 싶다고 하자. 물론 국민이 행복을 느끼는 정도를 측정하는 Gross National Happiness, Better Life Index 등 소위 국가별 행복지수가 발표된다. 그러나 행복지수는 근본적으로 삶의 질이나 행복이라는 매우 주관적 판단에 근거하고 사람들이 얼마나 행복한가를 계량화하는 것이 어렵다는 심각한 문제가 있다.

한편 객관적 지표가 평가대상을 객관적인 척도로 계량화, 정량화시킬 수 있는 지표인 반면, 주관적 지표는 의식, 가치관, 선호와 만족 등 개인의 주관적 속성을 척도화하여 측정하는 것이다. 전자는 직접지표와 가깝고 후자는 간접지표에 가깝다고 할 수 있다.

3. 정책평가의 어려움

"평가 없는 개선은 어렵다." 이는 지금까지 필자의 경험에서 나온 사실이다. 당연히 정부정책도 예외가 아니다. 정책은 합리적이고 타당한 평가과정을 밟고 그 결과는 정책의 전 과정에 다시 환류feedback되어 향후 정책의 내용과 과정을 개선하는 데 활용되어야 한다. 이것이 정책평가의 진정한 목적이다. 만약 정책평가 결과가 정책과정에 환류되지 못하고 정책개선에 기여하지 못하면, 평가의 존재 이유가 사라진다. 평가에 소요되는 금전적, 비금전적 비용을 포함한 모든 행정비용이 매몰될 뿐만 아니라 소위 '평가를 위한 평가'가 되어 평가자나 평가대상의 동기부여를 약화시킨다.

하지만 정책평가가 갖는 본연의 내재적인 어려움과 함께 평가결과가 제대로 환류되지 못하고 활용을 저해하는 요인들이 있다.

정책평가의 첫 번째 고충은 기술적·방법론적인 것에서 비롯된다. 정책평가를 수행하기 위한 정확한 자료를 수집하고 창출하기가 어렵고, 평가에 필요한 전문 인력, 필요한 재원, 충분한 시간 등으로부터 상당한 제약을 받는다.

둘째, 대부분의 정부정책은 그 효과와 영향력이 넓은 범위에 이르며 장기간에 걸쳐 지속된다. 따라서 의도한 정책목표와 정책대상 외에도 다양한 변수들이 예상치 못한 방식으로 영향을 미치기 때문에 해당 정책의 순수한 효과를 정확히 측정·평가하기 쉽지 않다.

셋째, 정책평가에 대한 접근방식과 구체적으로 적용하는 방법론은 평가의 목적이나 대상 등의 요인뿐만 아니라 평가자의 배경, 지식, 경험

등과도 관련된다. 이 경우 평가자가 선택한 상이한 방법론적 차이와 유용성에 관한 이견에서 기인하는 문제로 평가결과를 달리 해석할 수 있다.

넷째, 정책과정에서 평가결과가 제대로 환류되지 못하는 이유를 평가자와 평가대상에서 찾을 수 있다. 실무적 관점에서 정책평가의 어려움은 무엇보다도 평가자의 전문성, 객관성, 신뢰성의 확보 문제에서 기인한다. 피평가자의 입장에서는 평가자가 전문적 식견을 가지고 평가를 객관적으로 하고 있다고 인정될 때에만 평가결과를 신뢰할 수 있다. 결과적으로 평가결과에 대한 신뢰성이 확보되지 못하면 평가결과가 제대로 환류되기 어렵다.

다섯째, 평가결과가 사용자가 필요로 하는 정보와 내용을 담지 못하거나 행정현장에서 직접 적용하기 어려울 경우에도 환류에 실패한다. 이 경우는 대개 평가자와 평가대상 간에 의사소통이 부족할 때 흔히 발생한다. 행정현장에서 평가자와 피평가자 사이의 공식적·비공식적 채널을 통한 의사소통을 강조하는 이유가 여기에 있다.

여섯째, 정책평가는 정치적이고 관료적인 맥락에서 수행된다는 본연의 한계가 있다. 평가의 활용을 저해하는 이유 가운데 하나는 정책 담당자인 관료의 저항 때문이다. 평가는 현 상태의 문제점을 찾아내고 향후 개선하고자 하는 변화를 지향하는 반면, 관료조직은 현 상태를 유지하려는 속성을 갖기 때문이다.

일곱째, 평가를 받는 피평가자가 의도적으로 평가를 회피하거나 왜곡시키는 경우도 문제가 된다. 정책의 결과에 대한 평가는 그것이 가져올 (정치적) 결과에 대한 관료들의 저항을 초래하기 쉽다. 때문에 이들은 평가를 기피하고 평가에 필요한 자료의 접근을 원천적으로 봉쇄하려 한다. 이러한 문제를 해결하기 위해서 평가를 법제화하는 것이다.[10]

이와 같은 여러 가지 어려움에도 불구하고 정책평가는 오늘날 행정에서 그 중요성이 점점 커지고 있는 추세이다. 왜냐하면 정책평가 자체가 어렵고 비용이 소요된다는 사실에도 불구하고, 평가로부터 도출된 정보와 지식은 향후 보다 합리적인 정책결정에 크게 기여하고, 정책의 성과와 효과성을 객관적으로 판단하고 책임성을 제고할 수 있기 때문이다.

우리나라의 대표적인 평가제도 가운데 하나는 정부업무평가제도이다.[11] 정부업무평가제도의 출발은 1961년 국무총리 기획조정실의 정부업무에 대한 '심사분석제도'라고 할 수 있다. 제한된 자원으로 효율적인 경제발전을 추진하고자 정부업무 전반에 관한 계획을 수립하고 집행 결과에 대해 평가하였다. 이후 사회적 수요와 정책적 필요에 효과적으로 대응하기 위해 제도 정비가 이루어지고 정부업무평가는 효율적 행정체제의 정책추진 역량 제고를 위한 중요한 역할을 하였다.

1981년 심사분석업무를 경제기획원 심사평가국으로 이관하여 각 부처의 주요정책/사업의 진행 관리와 부진 원인의 발굴과 처방을 목표로 운영하였으나 전 정부적 차원의 국정을 진단하는 과정에서 한계를 보완하고자 1990년 국무총리 행정조정실에 정책평가기능을 신설하였다. 이로써 부처별 주요정책과제에 대한 점검, 평가, 조정을 통해 정책을 일관

---

10) 반면, 조직이나 기관 내부의 평가는 자원배분 결정에 도움이 되기 때문에 고위관료와 정치적 지지를 받기 쉽다.

11) 이 절은 정부업무평가위원회(www.evaluation.go.kr)와 '기관별 주요업무에 대한 성과평가지표 개발'의 내용을 보완한 것이다(김성준, 2002a).

성 있고 강력하게 추진하여 정책에 대한 신뢰를 제고하고자 하였다.

이렇듯 이원화된 심사분석과 정책평가 기능은 1994년 국무총리 행정조정실의 '심사평가제도'로 통합됨으로써 정부업무성과에 대한 분석과 시정조치를 강화하였고, 1998년 국민의 정부 출범과 함께 정책평가위원회를 구성하고 부처 주요정책의 추진 성과와 행정역량 등을 종합적으로 평가하는 '기관평가제도'를 도입하였다. 2000년 12월 '정부업무등의평가에관한기본법'이 제정되어 정부업무평가의 법적 근거를 마련하고 평가대상을 중앙행정기관 및 지방자치단체까지 확대하였다. 2006년 '정부업무평가 기본법'을 새롭게 제정하여 개별적/중복적으로 실시되던 각종 평가를 통합하고 자체평가 중심의 평가, 평가결과 활용 강화 등 현재의 정부업무평가체계로 개편하면서 성과관리제도를 도입하였다.

우리나라 정부업무평가제도는 국무조정실이 주체가 되어 정부의 정책, 사업, 업무 등의 추진과정과 집행성과 등을 점검, 분석, 평가하고, 그 결과를 정책 개선 과정에 반영하여 국정 운영의 효과성, 능률성, 책임성을 제고하는 행정관리수단이라고 할 수 있다. 정부업무평가 기본법에 따른 정부업무평가의 추진체계는 <그림 5>와 같다.

그림 5 • 정부업무평가 추진체계

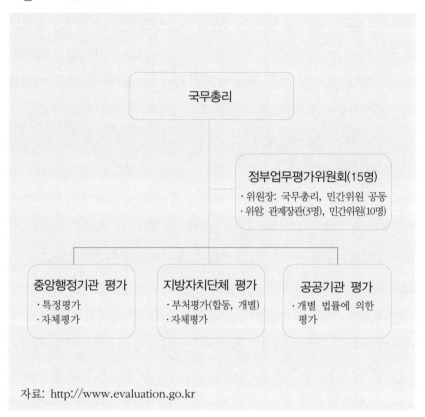

자료: http://www.evaluation.go.kr

1. 정책변동의 개념

정책집행의 결과에 대한 평가가 이루어지고 나면 이제 마지막 단계로 해당 정책을 마무리하거나 다시 수정보완하는 작업을 거친다. 정책변동Policy Change은 넓은 의미에서 집행과 정에서의 목적, 방법, 절차 등의 변화를 포함하지만, 보통 정책이 집행되고 평가된 후에 종결되거나 정책의 내용(목표, 수단)에 변화가 생기는 것을 의미한다. 전자의 경우 해당 정책을 더 이상 진행하지 않고 마무리 짓는 정책종결이라 하고, 후자는 수정의 내용과 정도에 따라 정책의 승계, 유지, 혁신으로 구분한다.

정책변동은 정책의 동태적 특성dynamics을 보여준다. 사회문제의 대내외 환경/여건 변화로 촉발되는 정책의 순환적·동태적 특성으로 인해 정책결정과 동시에 정책변동을 가져온다. 원칙적으로 정책은 문제가 성공적으로 해결되면 종결되고, 여전히 개선의 여지가 있고 지속적으로 추진되어야 한다면 수정된다.

이해영(2016)은 정책변동의 원인으로 다섯 가지를 제시한다. 첫째, 정권이 바뀌고 새로운 정부가 들어서면서 생기는 정책변동이다. 정치권력의 이념, 가치, 규범 등에 따라 자연스럽게 정책의 방향과 내용이 변하게 마련이다. 예를 들어, 자유주의적 성향이 강한 정부에서 사회주의적 성향의 정부로 정권이 바뀌면 그에 따라 자연스럽게 정책의 기조가 바뀌게 마련이다. 둘째, 정책을 둘러싼 대내외 환경의 변화이다. 내수시장의 구조변화, 글로벌 정세와 시장체제의 변화, 기술진보 등은 정책변동을 야기한다. 셋째, 사회가 진화하면서 사람들의 사고방식, 가치관, 관습 등이 변함에 따라 사회문제에 대한 인식이 바뀌면서 정책변동이 발생한다. 여성의 지위와 사회적 참여가 활발해지면 육아정책 등의 여성과 관련된 정책에 변화가 생기기 마련이다. 넷째, 정책 리더십이 변할 때이다. 정책혁신가Policy Entrepreneur가 등장하고 이들에 의해 창도적이고 선도적인 정책리더십이 발휘되면서 정책이 변화한다. 마지막으로 국제사회의 규범이나 가치의 변화로 국내의 정책에 변화가 생길 수 있다. 예를 들어, 글로벌화가 빠르게 진행되면서 자국 내에서만 거래를 하는 폐쇄경제 체제는 무너지고 개방경제 체제로의 전환이 불가피해졌으며, 이에 따라 정부정책도 변하지 않을 수 없게 된다.

2. 정책변동의 유형

정책변동 또한 어떤 기준/틀을 따를 것인가에 따라 몇 가지 유형으로 나누어진다. 이 가운데 B. Hogwood호그우드와 G. Peters피터스(1983)는 정책변동을 변화의 내용과 정도에 따라 정책혁신, 정책유지, 정책승계, 정책종결로 분류하고 있다.

정책혁신Policy Innovation은 과거에 없던 새로운 사회문제가 발생하거나 (혹은 어떤 사회문제가 새롭게 인식되고 부각되거나), 정책환경이 새롭게 조성되거나, 정부에 대한 국민의 새로운 수요가 생기면서 그전까지 정부가 개입하지 않던 영역에 대해 정부가 정책을 추진하는 것이다. 따라서 정책혁신은 정책유지나 승계와 같이 기존의 정책을 수정보완하는 것이라기보다 완전히 새로운 정책을 도입하는 것으로 이해할 수 있다. 김영삼 정부의 금융실명제 도입이나 인공지능AI 등 과학기술 발전에 따른 정부의 각종 신산업 정책들이 여기에 해당한다.

한편, 이미 존재하고 있는 정책의 기본 속성을 그대로 유지하는 것을 정책유지Policy Maintenance라 한다. 정책유지는 정책을 그대로 유지하는 것이기 때문에 일부에서는 정책유지를 정책변동으로 보기 어렵다고 주장하기도 한다. 다만, 정책유지에서의 변화란 모든 정책이 시간이 흐르면서 자연스럽게 발생하는 환경과 상황 변화에 따른 변동을 의미한다. 예를 들어, 시간이 지나면서 정부사업에 대한 기존 수혜자의 범위가 확대되거나 혹은 축소되기도 한다. 이 경우 정책환경의 변화로 정책을 구성하는 구체적인 내용, 예산 및 집행 절차 등은 다소 수정되지만, 기존에 설정된 정책목표와 수단, 집행 체제는 일정기간 계속 유지된다. 정책유지란 사업 내용, 예산 액수, 집행 절차의 변경의 경우에도 대부분 정책을 조금 변형modification하는 수준에 그칠 뿐 새로운 것으로 대체되는 것이 아니다. 또한 정책유지는 정책결정 후에 집행과정에서 일어나는 변화와 특수한 사정에 적응하기 위한 변화를 의미하며, 이 경우에도 정책을 유지하겠다는 의도적인 결정에 따른 것은 아니다.

반면, 정책승계Policy Succession는 기존의 정책목표는 그대로 이어 받으면서(승계) 주요 정책수단을 일부 수정하고 기본적인 정책의 성격을 거의 전면적으로 대체하거나 부분적으로 종결시키고 통합 또는 분리하는 것이다. 이 경우 실질적인 정책수단인 세부사업이나 사업을 운영하는 조직, 예산항목 등에서 중대한 변화가 생긴다.

예를 들어, 정책수단을 새로운 수단으로 대체한다는 것은 정책유지에서 말하는 사업 내용의 일부 수정 및 예산의 조정, 집행 절차의 변화가 아니라 사업 자체를 새로운 사업으로 대체하고, 담당 조직을 바꾸고, 예산 항목을 바꾸는 등 중대한 변화를 가져오는 것이다. 만약 정부가 정책평가를 통해 얻은 정보를 바탕으로 환류과정을 거쳐 기존의 정책수단을 새로운 수단으로 '대체'하는 경우는 정부의 의지에 의한 의도적 변화로 봐야 하기 때문에 정책유지가 아닌 정책승계에 해당한다.

마지막으로 정책종결Policy Termination은 정책문제가 해결되었다는 판단하에 특정 정책을 전면 중단하고 정책을 마무리하는 것이다. 따라서 정책종결 시에는 정책목표를 달성하기 위한 실질적인 정책수단을 전면 폐지하고 이를 대체할 다른 대안도 더 이상 마련하지 않는 것이 일반적이다.

3. 정책변동의 정치경제학

정책이 목적한 바를 이루면 정책이 종결되고, 여전히 정책문제가 해결되지 않았다면 수정보완을 통해 정책을 개선시켜야 한다. 하지만 행정 현실에서는 이 같은 정책변동이 순조롭게 이루어지지 않는 경우가 많다. 여기서는 정치경제학political economy의 관점에서 정책주체인 관료의 입장과 정책대상인 수혜자의 입장에서 정책종결의 문제를 살펴보고자 한다.

먼저 정책집행을 담당하는 관료는 정책종결을 어떻게 받아들일까? 정책이 목표를 달성하고 종결된 후 행정 현장에서 쉽게 목격되는 현상은 해당 정책을 담당하는 조직/기관의 변신과 저항이다. 조직은 해야 할 일이 있을 때에만 비로소 존재 의미가 있다. 어떤 정책이 종결된다는 것은 담당자와 조직이 해야 할 일이 사라지는 것이고 그만큼 존재 의미는 줄어들게 된다. 정책의 종결과 함께 관련 인력, 예산 등이 감소하면 대체할 만한 새로운 일이 없는 한 조직은 존재 자체에 대한 위기감을 느낀다.

따라서 현실적으로 조직은 특별한 대책이 없는 상태에서 정책을 마무리하는 것보다 조직의 생존을 더 중요하게 생각할 수 있다. 그렇다고 정책종결을 의도적으로 지연시키는 것은 외부의 시각 때문에 현실적으로 쉽지 않다. 따라서 대부분 이미 종결된 것과 유사한 정책을 다시 제안하거나 혹은 아예 새로운 정책(심지어 꼭 필요한 정책이 아닐 지라도)을 발굴하여 조직의 권한을 계속 유지시키려는 유인이 충분하다.

더군다나 정부 입장에서 정책변동은 자칫 매몰비용에 대한 부담으로 다가올 수 있다. 매몰비용sunk cost이란 개별 정책과 사업에 이미 지출되어 회수할 수 없는unrecoverable 비용이다. 특히 정책이 종결되지 않고 수정되는 경우 변화의 폭이 클수록 기존에 투입된 비용을 회수하기 어렵기 때문에 매몰비용은 커지게 된다. 이 경우 정책을 지속하기 위한 추가 비용이 요구되기 때문에 비록 대폭적인 수정이 불가피하다 할지라도 소폭 수정에 머물기 쉽다.

이제 수혜를 받고 있는 정책대상의 입장에서 정책종결을 바라보자. 정책은 구체적인 목표대상을 선정하는데 이들은 해당 정책으로부터 혜택을 받는 정책수혜자로서 이들의 입장에서 정책이 종결된다는 것은 더 이상 이익을 누릴 수 없게 된다는 뜻이다. 이 상황에서 정책종결에 대한 수혜집단의 저항은 자연스러운 것이다. 이들은 종종 처음 정책을 입안하고 지지한 정치세력과 연합하여 결사체를 형성하고 집단행동(청원, 동원, 시위 등)을 통해 조직적으로 저항한다. 이 같은 저항은 정치인과 관료에게 압력/부담으로 작용하여 결국 합리적인 정책변동에 걸림돌으로 작용한다.

합리적인 정책변동은 해당 정책과 관련된 불필요한 낭비를 최소화한다. 그러나 정치경제학의 관점에서 정책결정자, 집행자, 그리고 수혜자 모두의 이해관계가 복잡하게 얽혀 있어 합리적인 정책변동을 가로막는다. 아쉽게도 이 문제를 해소할 수 있는 전략적 방안을 찾아내기가 쉽지 않다. 정책학의 관점에서는 결국 법과 제도를 통한 해결을 모색하는 것이 가장 최선이다.

예를 들어, 정책변동 가운데 가장 저항이 심한 정책종결에 대한 제도적 장치 가운데 하나가 바로 일몰법이다. 1970년대 미국에서 등장한 일몰법sunset law은 문자 그대로 시간이 지나면 태양이 지듯이 정부의 정책, 조직, 예산 등이 법률로 정한 기간이 지나면 별도의 조치를 취하지 않는 한 주기적인 재검토를 통해 자동적으로 폐지되도록 규정한 법(제도)이다. 이는 정책이나 조직이 목표달성 후에도 계속 존속하려는 경향에 제동을 걸기 위한 것이다. 해당 정책을 주기적으로 검토하고 평가함으로써 성과가 없거나 불필요한 사업을 폐지하여 정책관리의 효율성을 확보하고 행정조직을 합리적으로 운영하는 것을 목표로 한다.

이처럼 정책변동에 대한 정치경제학적 해석은 정책과정에서 새로운 정책을 결정하고 채택하는 과정에서 우리가 얼마나 세심한 주의를 기울여야 하는지 재확인해준다. 정책과정에 발생하는 대부분의 문제는 이해관계의 문제이다. 정책이 일단 만들어지면 동시에 그로부터 '떡고물stake'을 챙기려는 사람들이 자연스럽게 생긴다. 비단 인기영합주의 열매인 정책이나 사업뿐만 아니라 정부의 모든 정책이 함부로 만들어지는 것을 경계해야 하는 이유가 여기에 있다.

참고문헌

• 강현철. (2008). 평가방법론적 관점에서의 입법평가. 연구논단, 여름호. 한국
법제연구원.

• 김명수. (1993). 공공정책평가론. 박영사.

• 김성준. (2002a). 기관별 주요업무에 대한 성과평가지표 개발. 한국행정연구원.

• 김성준. (2002b). 수요모형의 계량적 추정을 통한 효과적인 담배소비억제
정책 연구. 한국행정학보, 36(3). 한국행정학회.

• 노화준. (2015). 정책평가론. 법문사.

• 윤수재. (2012). 정부업무평가에 대한 메타평가 및 개선방안 연구. 한국행정연
구원.

• 이창호. (1991). 사회복지서비스 프로그램의 계량화: 프로그램 평가 및 책임
성 계획의 과학적 모델을 중심으로. 사회복지연구, 3. 한국사회복지연구회.

• 이해영. (2016). 정책학신론. 양성원.

• Dror, Y. (1971). Policy Sciences: Developments and Implications.
Analysis of the New York Academy of Sciences, 184(1).

• Hogwood, B. & Peters, G. (1983). *Policy Dynamics*. St. Martin's Press.

• Keynes, J. (1923). *A Tract on Monetary Reform*. Macmillan and Co.,
Limited.

• Nachmias, D. (1979). *Public Policy Evaluation: Approaches and Models*.
St. Martin's Press.

• Nagel, S. (2001). *Handbook of Public Policy Evaluation*. SAGE
Publications.

- Vedung, E. (2000). Public Policy and Program Evaluation. Routledge.
- 국민일보. [기획] 4만 5000원 → 3만원대… '밀수 담배' 암거래 성행. 2016년 9월 2일자.

참고문헌

- 강근복 외. (2016). 정책학. 대영문화사.
- 강현철. (2008). 평가방법론적 관점에서의 입법평가. 연구논단, 여름호. 한국 법제연구원.
- 김명수. (1993). 공공정책평가론. 박영사.
- 김성준. (2002a). 기관별 주요업무에 대한 성과평가지표 개발. 한국행정연 구원.
- 김성준. (2002b). 수요모형의 계량적 추정을 통한 효과적인 담배소비억제 정책 연구. 한국행정학보, 36(3). 한국행정학회.
- 김성준. (2006). 비규제 대안으로서 사회마케팅의 가능성 탐색. 한국정책과 학학회보, 10(3). 한국정책과학학회.
- 김성준. (2020). 공공선택론(제2판). 박영사.
- 김성준·오정일. (2012). 비용편익분석의 이해. 경북대학교 출판부.
- 김영평. (1991). 불확실성과 정책의 정당성. 고려대학교출판부.
- 김정수. (2016). 정책학 입문. 문우사.
- 김종석. (2020). 규제개혁 30년: 평가와 과제. 규제연구, 29(2). 한국규제 학회.
- 김행범. (2017). 공익 대 사익 논쟁의 핵심 쟁점들. 제도와 경제 11(1). 한국 제도경제학회.
- 김형수. (2013). '창의적 문화콘텐츠관광' 기반조성을 위한 정책공동체 모형: 성남시 사례를 중심으로. 디지털융복합연구. 11(11). 한국디지털정책학회.

- 노화준. (2015). 정책평가론. 법문사
- 노화준. (2017). 기획과 결정을 위한 정책분석론. 박영사.
- 백완기. (2006). 행정학. 박영사.
- 신중섭. (1999). 포퍼의 열린 사회와 그 적들. 자유기업센터.
- 신중섭. (2019). 열린사회 이야기. 자유기업원.
- 오석홍·김영평. (2000). 정책학의 주요이론. 법문사.
- 이혁우. (2021). 규제관리론. 윤성사.
- 윤수재. (2012). 정부업무평가에 대한 메타평가 및 개선방안 연구. 한국행정연구원.
- 이만우. (2004). 신공공경제학. 율곡출판사.
- 이만우·주병기. (2015). 재정학. 율곡.
- 이성우. (2012). 정책분석론: 이론과 기법. 조명문화사
- 이종수 외. (2009). 행정학사전. 대영문화사.
- 이창호. (1991). 사회복지서비스 프로그램의 계량화: 프로그램 평가 및 책임성 계획의 과학적 모델을 중심으로. 사회복지연구, 3. 한국사회복지연구회.
- 이해영. (2016). 정책학신론. 양성원.
- 정강정. (2002). 행정규제정책의 순응확보를 위한 전략적 모형개발에 관한 연구. 정부학연구, 8(2). 고려대학교 정부학연구소.
- 정정길 외. (2004). 정책학 원론. 대명출판사.
- 최광. (2008). 국가번영을 위한 근본적 세제개혁 방안. 한국경제연구원.
- 최병선. (2006). 정부규제론. 법문사.
- 하상근. (2010). 정책대상집단의 불응요인에 관한 종단연구－국민연금 지역가입(대상)자를 중심으로. 한국정책과학학회보, 14(2). 한국정책과학학회.
- 허범. (1988). 공공정책의 형성과 집행. 대영문화사.
- 허범. (2002). 정책학의 이상과 도전. 한국정책학회보, 11(1). 한국정책학회.

- Anderson, J. (1990). *Public Policymaking: An Introduction.* Houghton Mifflin.

- Anderson, J. (2014). *Public Policymaking: An Introduction 8th Ed.* Wadworth.

- Bachrach, P & Baratz, M. (1963). Decisions and Nondecisions: An Analytical Framework. *American Political Science Review,* 57(3).

- Brooks, S. (1989). *Public Policy in Canada: An Introduction.* McClelland and Stewart, Inc.

- Campagna, A. (1987). *U.S. National Economic Policy, 1917−1985.* Praeger Publisher.

- Cobb, R. & Elder, C. (1972). *Participation in American Politics: The Dynamics of Agenda Building.* Allyn and Bacon, Inc.

- Cohen, M., March, J. & Olsen J. (1972). A Garbage Can Model of Organizational Choice. *Administrative Science Quarterly,* 17(1).

- Cyert, R. & March, J. (1963). *A Behavioral Theory of the Firm.* Prentice−Hall.

- Dawson, R. & Robinson, J. (1963). Inter−Party Competition, Economic Variables, and Welfare Policies in the American States. *The Journal of Politics,* 25(2).

- Dewey, J. (2014). 공공성과 그 문제들(정창호·이유선, 역). 한국문화사. (원서출판 1927).

- Diesing, P. (1962). *Reason in society: five types of decisions and their social conditions.* University of Illinois Press.

- Dror, Y. (1968). *Public Policymaking Reexamined.* Chandler Publishing Company

- Dror, Y. (1971). Policy Sciences: Developments and Implications. *Analysis of the New York Academy of Sciences*, 184(1).

- Dror, Y. (1983). New Advances in Public Policy Teaching. *Journal of Policy Analysis and Management*, 2(3).

- Dunn, W. (2008). *Public Policy Analysis: An Introduction. 2nd Edition.* Pearson Prenticee Hall.

- Dye, T. (1972). *Understanding Public Policy.* Englewood Cliffs.

- Dye, T. (1976). *Policy Analysis: What Governments Do, Why They Do It, and What Difference It Makes.* University of Alabama Press.

- Easton, D. (1965). *A Framework for Political Analysis.* Englewood Cliffs, Prentice－Hall.

- Elmore, R. (1979－1980). Backward Mapping: Implementation Research and Policy Decisions. *Political Science Quarterly*, 94(4).

- Etzioni, A. (1967). Mixed－Scanning: A "Third" Approach to Decision－Making. *Public Administration Review*, 27(5).

- Etzioni, A. (1989). *Humble Decision Making. July－August Issue.* Harvard Business Review.

- Eyestone, R. (1978). *From Social Issues to Public Policy.* John Wiley and Sons.

- Fischer, F. & Miller, G. *Handbook of Public Policy Analysis: Theory, Politics, and Methods.* Taylor & Francis, 2006.

- Hill, M. & Hupe, P. (2014). *Implementing Public Policy: An Introduction to the Study of Operational Governance.* Sage Publication.

- Howlett, M. (2004). Beyond Good and Evil in Policy Implementation: Instrument Mixes, Implementation Styles, and Second Generation

Theories of Policy Instrument Choice. *Policy and Society*, 23(2). Elsevier.

• Heclo, H. (1978). Issue Networks and the Executive Establishment. *The New American Political System.* In A. King (ed.). American Enterprise Institute.

• Hogwood, B. & Peters, G. (1983). *Policy Dynamics.* St. Martin's Press.

• Hsu, C. & Sandford, B. (2007). The Delphi Technique: Making Sense Of Consensus. Practical Assessment. *Research & Evaluation*, 12(10).

• Jordan, G. & Maloney, W. (1997). Accounting for Sub Governments: Explaining the Persistence of Policy Communities. *Administration and Society*, 29(5).

• Keynes, J. (1923). *A Tract on Monetary Reform.* Macmillan and Co., Limited.

• Kingdon, J. (1984). *Agendas, Alternatives, and Public Policies.* Brown.

• Kingdon, J. (1984). *Agendas, Alternatives, and Public Policies 2nd Ed.* Longman.

• Landeta, J.(2006). Current validity of the Delphi method in social sciences, 73(5). *Technological Forecasting and Social Change.*

• Lasswell, H. (1951). *The Policy Orientation.* In D. Lerner and H. Lasswell (ed.), The Policy Science·Hoover Institute Studies.

• Lindblom, C. (1959). The science of 'muddling through'. *Public Administration Review*, 19.

• Lipsky, M. (1971). Street Level Bureaucracy and the Analysis of Urban Reform. *Urban Affairs Quarterly*, 6.

• Lipsky, M. (1980). *Street−Level Bureaucracy: Dilemmas of the Individual in Public Service.* Russell Sage Foundation.

- Lowi, T. (1964). *American Business, Public Policy, Case Studies, and Political Theory.* World Politics.

- Lowi, T. (1972) Four Systems of Policy, Politics, and Choice. *Public Administration Review*, 32(4).

- Lunenburg, F. (2010). The Decision Making Process. *National Forum of Educational Administration and Supervision Journal*, 27(4).

- March, J. & Simon, H. (1958). *Organizations.* Wiley Organizations.

- Meier, K. and Morgan, D. (1982). Citizen Compliance With Public Policy: the National Maximum Speed Law. *Political Research Quarterly*, 35(2).

- Musgrave, R. (1959). *The Theory of Public Finance: A Study in Public Economy.* McGraw－Hill.

- Nachmias, D. (1979). *Public Policy Evaluation: Approaches and Models.* St. Martin's Press.

- Nagel, S. (2001). *Handbook of Public Policy Evaluation.* SAGE Publications.

- Nakamura, R. & Smallwood, F. (1980). *The Politics of Policy Implementation.* St. Martins Press.

- Norman, J. (2018). *Adam Smith: The Father of Econoimcs.* Basic Books.

- OECD. (1997). *The OECD Report on Regulatory Reform Synthesis.* OECD.

- OECD. (2005). *OECD Guiding Principles for Regulatory Quality and Performance.* OECD.

- Pressman, J. & Wildavsky, A. (1984). *Implementation. 3ʳᵈ ed.* University of California Press.

- Quade, E. (1975). *Analysis for Public Decisions.* American Elsevier Publication Co.

- Rabin, J. (2003). *Encyclopidia of Public Administration and Public Policy.* Marcel Dekker, Inc.

- Rhodes, R. (1990). Policy Networks: A British Perspective. *Journal of Theoretical Politics,* 21(3).

- Ripley, R. & Franklin, G. (1982). *Policy Implementation and Bureaucracy.* Dorsey Press.

- Sabatier, P. & Mazmanian, D. (1979). The Conditions of Effective Implementation: A Guide to Accomplishing Policy Objectives. *Policy Analysis,* 5(4).

- Sabatier, P & Mazmanian, D. (1980). The Implementation of Public Policy: A Framework of Analysis. *Policy Studies Journal,* 8(4).

- Sabatier, P. & Weible, C. (2007). The Advocacy Coalition Framework: Innovations and Clarifications. In P. Sabatier (ed.), *Theories of the Policy Process.* Boulder, Westview Press.

- Salamon, L. (2002). *The Tools of Government.* Oxford University Press.

- Schatschneider, E. (1960). *The Semisovereign People: A Realist's View of Democracy in America. Holt.* Rinehart and Winston.

- Schuck, P. (2014). *Why Government Fails So Often.* Princeton University Press.

- Schultze, C. (1977). *The Public Use of Private Interest.* Brookings Institution Press.

- Schumpeter, J. (1942). *Capitalism, Socialism and Democracy.* Harper & Brothers.

- Sidney, M. (2007). *Policy Formulation: Design and Tools.* Handbook of Public Policy Analysis. Routledge.

- Simon, H. (1955). A Behavioral Model of Rational Choice. *The Quarterly Journal of Economics*, 69(1).

- Simon, H. (1964). *Rationality.* In J. Gould and W. L. Kolb (ed.), A Dictionary of the Social Sciences.

- Simon, H. (1976). *Administrative Behavior 3rd Ed.* Free Press.

- Smith, A. (2020). 국부론 (최임환 역). 올재클래식스. (원서출판 1776).

- Sunstein, C. (2011). 우리는 왜 극단에 끌리는가. (이정인 역). 도서출판 프리뷰. (원서출판 2009).

- Torgerson, D. (1985). Contextual Orientation in Policy Analysis: The Contribution of Harold D. Lasswell. *Policy Sciences*, 18.

- Uzawa, H. (2016). 자동차의 사회적 비용. 임경택(역). 사월의 책.

- Vedung, E. (2000). Public Policy and Program Evaluation. Routledge.

- Weber, M. (2011). 소명으로서의 정치(최장집 엮음, 박상훈 옮김. 후마니타스. (원서출판 1919).

- Wildavsky, A. (1964). *Politics of the Budgetary Process.* Little, Brown.

- Wildavsky, A. (1979). *Speaking Truth to Power: The Art and Craft of Policy Analysis.* Little, Brown.

- Woodrow W. (1887). The Study of Administration. *Political Science Quarterly*, 2(2). The Academy of Political Science.

- WTO. (1998). *Synthesis Paper on the Relationship of Trade and Competition Policy to Development and Economic Growth.* Working Group on the Interaction between Trade and Competition Policy.

찾아보기

[인명 색인]

[사항 색인]

저자 소개

김성준은 고려대학교에서 경제학을 공부하고, 미국 텍사스대학교(University of Texas at Dallas)에서 행정학과 정치경제학으로 석·박사 학위를 취득했다. 한국행정연구원과 서울연구원에서 연구하고 현재 경북대학교 행정학부 교수로 재직하면서 정책학, 규제정책, 공공선택론 등을 강의하고 있다. 한국규제학회 회장을 비롯하여 관련 학회에서 임원으로 봉사하고 정부 및 비영리기관 등에서 적극적으로 활동하고 있으며, 국제기구 ASEAN, ADB, APACT 등의 프로젝트에 참여하였다. 주요연구로는 『제임스 뷰캐넌(2022, 지식발전소)』『공공선택론(2020, 박영사)』 등의 저서와『Handbook of Regulatory Impact Assessment(2016, Edward Elgar Publisher)』 등에 집필자로 참여했으며, 국내외에 저널에 논문을 발표하였다.

제2판
정책학 -공공정책의 이해를 위한 입문-

초판발행   2018년 1월   5일
제2판발행   2023년 3월   3일

지은이   김성준
펴낸이   안종만·안상준

편 집   배근하
기획/마케팅   장규식
표지디자인   BEN STORY
제 작   고철민·조영환

펴낸곳   ㈜ **박영사**
               서울특별시 금천구 가산디지털2로 53, 210호(가산동, 한라시그마밸리)
               등록 1959. 3. 11. 제300-1959-1호(倫)
전 화   02)733-6771
f a x   02)736-4818
e-mail   pys@pybook.co.kr
homepage   www.pybook.co.kr
ISBN   979-11-303-1697-0   93350

정 가   19,000원